社会稳定研究论丛
SHEHUI WENDING YANJIU LUNCONG

肖唐镖 主编

关系与衡平：
财产纠纷中的公正观念

刘 莉 著

中国社会科学出版社

图书在版编目（CIP）数据

关系与衡平：财产纠纷中的公正观念／刘莉著．—北京：中国社会科学出版社，2017.4

（社会稳定研究论丛）

ISBN 978－7－5161－9991－6

Ⅰ.①关…　Ⅱ.①刘…　Ⅲ.①财产权益纠纷—研究—中国　Ⅳ.①D923.04

中国版本图书馆CIP数据核字（2017）第047464号

出 版 人　赵剑英
责任编辑　赵　丽
责任校对　郝阳洋
责任印制　王　超

出　　版　中国社会科学出版社
社　　址　北京鼓楼西大街甲158号
邮　　编　100720
网　　址　http://www.csspw.cn
发 行 部　010－84083685
门 市 部　010－84029450
经　　销　新华书店及其他书店

印　　刷　北京君升印刷有限公司
装　　订　廊坊市广阳区广增装订厂
版　　次　2017年4月第1版
印　　次　2017年4月第1次印刷

开　　本　710×1000　1/16
印　　张　11.25
插　　页　2
字　　数　201千字
定　　价　48.00元

社会稳定研究论丛
学术委员会

总　序

肖唐镖

国内学界对社会矛盾、纠纷与冲突类问题的研究，由来已久。尤自20世纪90年代初以来，随着自乡村、继而到城镇以信访和群体性事件为主要表征的社会冲突日益频发，这一领域更吸引着日益增多的研究者的关注。然而，让人未免有点遗憾、但又不能不认同的是：对此貌似繁荣的研究景象，就如几年前赵鼎新教授所直率的评论，“国内的学术研究才刚刚起步”！

近年来，为推动国内社会政治稳定与民众集体行动领域的科学研究，以社会学和政治学等学科为主阵地，海内外众多学者联手，展开了一系列卓有成效的工作。如中国人民大学社会学系牵头，先后举办了“集体行动与社会运动研究讲习班”（2007年）、“政治社会学（社会运动）工作坊”（2011年）；《社会学研究》与《社会》连续刊发多篇相关学术论文；上海世纪出版集团与译林出版社等机构先后出版数十种国际学界高质量的学术论著。凡此种种，聚溪成河，已在改变着该领域的研究生态，包括研究者的理论视野与范式、研究方法与工具、乃至表达话语与概念。籍以时日，基于中国本土经验的科学研究和理论进步，适宜国情且具前瞻性与进步性的政策研究，定将涌现。我辈没有理由不为之而欢喜！

幸逢其时，得到领职单位等机构的支持，尤其是得到众多华裔学者的支持，我们也力图搭建相关平台，以襄盛举。一方面，举办国际或国内学术会议（论坛），让学者们展开面对面的交流、对话和争论；另一方面，出版“社会稳定研究书系”，包括《社会稳定研究论丛》与《群体性事件案例报告》两个系列。“案例报告”将采集国内的典型案例，既应教学、培训之需，更望其能成为人们了解、研究群体性事件的重要资料来源。而“研究论丛”既含结集出版的论文集，也有单独成篇的学术专著，以集中展示学界的相关研究。诚望得到众位的理解、支持和帮助！

目　　录

第一章

导　论

一　背景：法律现代化

中国社会转型的一个重要方面就是制度变迁中法律制度的现代化。但是，无论是学术界的研究者还是司法领域的操作者，他们越来越认识到，这个过程由于公民观念、固有文化、制度等因素的限制，面临着需要根据中国社会的自身特点，应如何认识及怎样寻找法制现代化的资源、路径的问题。这个问题带来两个方面的争论。一方面是改革开放以后的中国究竟是应该通过法律移植还是从“本土”中寻找“资源”来完成这个制度转型。另一方面则是把提问引向中国历史上法律运行本身的性质上来，焦点是中国古代的司法审判性质问题，亦即法律在其中所扮演的角色。

两个方面的争论中，韦伯的理论扮演了重要的角色。“现代”所指向的是韦伯以来的理性化传统，在法律上表现为法律的形式合理性，或者法律形式主义；与此相对的，多数学者倾向于认为，中国的法律与司法是实质理性的、工具主义的，因此是非现代的。

“法律移植”论者试图借鉴西方以人权理论为根基的现代法制，改造社会，这与西方的法律发展运动一脉相承，意图从社会控制的角度推动社会完成法制转型；“本土资源”论者则争论道，中国固有的文化、社会、经济现实在遭遇这些新制度时常常出现不适应症状，另外，全盘西化会导致中国民族自身的主体性丧失。因此，这第一种争论最终从事实、技术性问题引向了意识形态的争论。

历史面向的争论则较有具体内容。就清代的“法庭”与法律而言，有一种看法认为，由于中国法律“就是情理被实定化的部分，法律也是情理发挥作用的一种媒介，不仅法律本身的解释依据情理而且法律也可因情理而变通”[①]。中国的民事诉讼也不存在西方法律制度中追求正义理想，辩明法理的“竞技型诉讼”[②]。因此，虽然在法官的判词中引用一些法律条款，但“决不是所有或大多数案件中都引照国法。从数量上看，未提及国法便得出结论的案件更多”，另外，“在判语中所引照的国法，具体地说，大体上仅限于《大清律例》这唯一的一部法典”[③]。法官在听讼时也会考虑一些基本的判断基准，也就是说，法官的审判一般不会太“离谱”。但是“所有判断都必须根据对国法的解释才能做出”这种思想方法是根本不存在的。[④] 并且，滋贺秀三引用清代方大湜《府判录存》中所言“自理词讼，原不必事事照例。但本案情节，应用何律何例，必须考究明白。再就本地风俗，准情酌理而变通之。庶不与律例十分相背。否则上控之后，奉批录案，无词可措矣”来证明清代法官依法审判的状况，强调其“准情酌理”的审判思想。另外，因为清代的法律制度要求当事人在法官做出判决后，都要具结接受法官安排并服从审判，因此，正好说明了清代“教谕性调停”的审判的制度性特征。

反对意见以美国学者黄宗智为代表，他认为，在表面上表现出来的“教谕性调停”与实际情况并不相符，其原因在于清代法律表达与实践的背离。[⑤] 对当事人来讲，是否接受法官的判决，并没有选择的余地。进而，他引用汪辉祖的说法证明，当时的知县把“听断”和民间的亲邻调解看作是性质不同的两码事，所谓“听断以法”“调处以情”。法官以法断案和亲邻调解是两个性质不同的过程，一个是法庭活动，另一个是社区行为。因此，黄宗智认为，滋贺秀三对清代审判制度的误识在于没有区别法官“听断”与民间“调处”[⑥]。黄宗智所强调的是，官方与民间虽然可

① ［日］滋贺秀三：《中国法文化的考察——以诉讼的形态为素材》，载王亚新、梁治平《明清时期的民事审判与民间契约》，法律出版社 1998 年版，第 82 页。

② 同上书，第 87 页。

③ ［日］滋贺秀三：《清代诉讼制度之民事法源的概括性考察——情、理、法》，载王亚新、梁治平《明清时期的民事审判与民间契约》，法律出版社 1998 年版，第 25 页。

④ 滋贺秀三在对中国法律制度与文化的研究中，始终采用将中国法律、司法与西方进行比较的视角。

⑤ 参见黄宗智《清代的法律、社会与文化：民法的表达与实践》，上海书店出版社 2001 年版。

⑥ 黄宗智：《清代的法律、社会与文化：民法的表达与实践》，上海书店出版社 2001 年版，第 11 页。

能使用相同的词语，但其意义却不相同；官方的表达与其实践也可能大相径庭。清代法律制度的这样一种安排，体现的是中国法律的一种“实体理性”的特征，“法律规定故意制定得笼统简单，以免它们的过分具体限制了统治者的权力”①。

就实际的司法审判而言，二者争论的焦点在于，法庭上“法官”的处断究竟是遵循情理还是以法律为主，即古代中国的司法审判是单独考量个别案件，依情境来诠释进而达到所谓的公正，还是法律在判断公正中扮演核心角色，对具体问题的处断能够归纳出抽象的逻辑，运用于以后案件的处理，因此具有相对的稳定性。

这些争论尚无能够说服对方的结论。但不管怎样，如果把西方形式主义的法律制度作为比照的对象，并作为现代的理想型，那么中国古代的司法审判无论如何都是缺乏现代性的：不是普遍的而是特殊的，不是形式理性的而是情境主义的；因此在推理上不是从一般原理出发的演绎逻辑，而是从事实出发的归纳逻辑。

意识形态上的争论终究无法说服他人，法治究竟是否能够被公民接受、认同而实现，这首先是一个要从实践中得到检验的事实问题。而历史角度的这些关于“审判”“调解”法律制度方面的讨论，是从“法官”、司法审判或制度变迁与实践这个角度来反映或反射作为法律实现主体的公民的观念，没有把他们放在主体的位置上考察他们的辩论、他们的主观世界。本书正是在这样的背景之下，希望弥补这一缺陷，试图撇开各种宏观的、结构性的研究之后进入“当事人”在法庭上的微观世界，直接考察他们的公正观念。

二　回顾:情境与多元

在“中国人的公正观”这个问题上，有丰富的研究成果值得借鉴。在总结和评价这些研究之前，我先要把表述公正观念的几个重要规则再进行梳理和阐明。

---

① 黄宗智：《清代的法律、社会与文化：民法的表达与实践》，上海书店出版社 2001 年版，第 215 页。

（一）研究中常见的公正规则

“公正”显然是一个多面而复杂的概念。它很难在我们的语境之下，与“正义”“公平”等概念做严格的区分，甚至这种区分对于实证研究来说也是没有必要的。在传统中国的语境下，并没有关于“正义”或“公平”的讨论，但存在关于“正”“义”“公”及“平”的社会规范。李大华认为，在先秦时期，虽然没有现代公平概念中所包含的独立、平等、权利等含义，但已经能从“公”“平”“中”“正”“道”“义”这些词汇中看到有关“公平”的观念，而就这些词汇本身而言并没有特别区分的必要。这些观念，一方面是统治者合法性的标准，另一方面是被统治者行为的道德标准。[①] 比如《今文尚书·洪范》中言：“无偏无陂，遵王之义；无有作好，遵王之道；无有作恶，遵王之路。无偏无党，王道荡荡；无党无偏，王道平平；无反无侧，王道正直；会其有极，归其有极。”这种社会规范和观念是达到社会理想状态的途径，因此，这既不涉及哲学意义的理念性的讨论，也不涉及实践意义的经验分析，而是伦理意义上的规范。儒家伦理中对仁和义的论述，被认为是与公正观念有关的经典，并且确立了传统中国社会的主流道德规范，也就是基于血缘宗法制的“礼”。

黄光国认为，儒家的正义标准建立在以“仁”为核心的概念上，仁来源于地位伦理，是一种差序性的爱，这使得中国人对不同的人采取不同的正义标准。[②] 赵志裕通过统计《四书》中关于“义”的论述，发现对义表达积极态度的章句共 18 条，比如，“夫达也者，质直而好义”（《论语·颜渊》）；“无礼义则天下乱”（《孟子·尽心下》）等。提到义的伦理性的章句共 14 条，比如，“不仕无义，长幼之节，不可废也。君臣之义，如之何其废之？欲洁其身，而乱大伦，君子之仕也，行其义也”（《论语·微子》）；“大人者言不必信，行不必果，惟义所在”（《孟子·离娄下》）。义在伦理传统的道德规范、法律制度，以及个人的心理认同上有着一致的规定性，同时也对人进行了一种君子、小人的区分。对君子而

---

① 李大华：《论先秦中国社会的公平观念》，载哈佛燕京学社《儒家传统的启蒙心态》，江苏教育出版社 2003 年版。

② 黄光国：《儒家思想中的正义观》，载杨国枢、黄光国《中国人的心理与行为》，桂冠图书公司 1991 年版。

言，义就是合宜的做事，它的内涵是一种“角色期待”，成为判断是否正义的一个重要标准。义也规定了一种公平对待的差序性。[①]

将财产视为逻辑的起点，正义（或公正）意味着财产权的最大效用，财产权具有先赋性，同时相对于所有者的其他人也就有不予侵犯其财产权的义务。这是保守自由主义者的看法，诺齐克是其中的代表人物，其思想可以追溯到近代以来休谟的正义理论[②]。另一派在政治哲学中与此相对应的是将公平视为社会正义所追求的目标，被认为是一种作为“公平”甚至“平等”的正义理论，最重要的提倡者是罗尔斯，他的平等原则和差别原则是公平的正义观的基础。[③]

经典的社会学理论假设——比如，迪尔凯姆的社会内聚，帕森斯的规范统一体——群体得以共同生活的基础在于某些认同的价值。“公正”当然地成为价值系统中得以共享的首要价值之一，并且，由于这一套共享价值的存在，社会冲突能够在一定范围内得以实质上的解决。这正是公正观念的本质所在，即它是一个总体上的概念，依据于一整套的价值体系。交换社会学中的经典理论也认为，人类行动者完全可以坚持正统的价值观，尽管这在追求最高利润和个人利益方面会造成某种损失，共同的价值观可以控制交换关系，这正像迪尔凯姆对他的结构所做的解释，只有在一个原先就已经建立起来的规范的基础上，订立契约的个人才能继续他们之间的交往。[④]

而本书所探讨的公正——尽管有着必然的联系，但——不是政治哲学的、规范意义上的公正，而是经验层面上的公正，是人们的行为已然自愿主张、遵循的规则。就规则而言，大致可以把判断公正的规则分为“分配公正”和“程序公正”这两个类别。

特别要指出的是，这里使用“规则”一词是为了说明，它表达的是一种分配的主张，即说明的是人们所认为公正的那种分配“方式”，因此，其本身并不具备价值判断的意义，而是说人们主张这种规则，是因为

① 参见赵志裕《义与利》，载何友晖等《世道人心》，香港三联书店2005年版。

② 休谟所说的三条“基本的自然规则”，即“所有权的稳定、其转移需经同意以及信守承诺”，对每个人的自由进行平等限制。参见哈耶克关于财产权的论述，哈耶克《法律、立法与自由》，邓正来等译，中国大百科全书出版社2000年版。

③ 参见［美］罗尔斯《正义论》，何怀宏等译，中国社会科学出版社2000年版。

④ ［美］科塞：《社会学思想名家》，石人译，中国社会科学出版社1990年版，第650页。

人们在主观上认为这种规则是公正的。

1. 分配公正

萨巴夫（Sabbagh）将探讨分配公正问题的理论进行了分类。[①] 首先是规范和经验导向的区别，前者是有关“应该（ought）”范畴的研究，后者是有关“是（is）”的理论。再根据两个维度：微观正义与宏观正义，以及这些原则的单向度特征与多向度特征进一步地区分。这些维度的结合产生了分配正义的四组理论：单向度宏观（功利主义进路）；多向度宏观（罗尔斯的正义论）；单向度微观［应得与公正（equity）理论］；多向度微观（米勒的理论和多原则进路）。这种分类给出了一个有关分配正义研究的清晰的概括性框架。同时也对经验研究和规范研究之间的互动提出了动议与可能性。在实证研究中，多向度微观的理论进路得到较为广泛的接受。

撒切尔（Thacher）对于用社会学的经验研究解决规范问题在方法论方面给出了答案，即社会学能够对价值性问题的回答做出重要的贡献。[②] 我们可能通过经验研究不能够解决休谟——从“是”不能推出“应该”——的问题，但至少可以通过人们所认为的“应该”来回答什么“是应该”的问题。这使得经验研究对规范研究具有价值。并且社会心理学的研究也验证了萨巴夫的判断，即经验传统和规范传统存在许多共同之处，比如罗尔斯的正义理论和功利主义的进路，经验研究已经找到了在“应该”和“是”之间的对应，它在其起点就是用了一些基本的规范理念。而在经验领域，这些功利主义或罗尔斯的正义理论显然是和微观的公正[③]理论紧密联系在一起的，甚至在社会心理学的实证研究中，分配正义（distributive justice）等同于公正理论，其中的核心概念就是应得（desert）

① Clara Sabbagh, “A Taxonomy of Normative and Empirically Oriented Theories of Distributive Justice”, *Social Justice Research*, Vol. 14, 2001.

② David Thacher, “The Normative Casse Study”, *American Journal of Sociology*, Vol. 111, 2006.

③ 有不少文章将 equity 翻译成“公正”。为了避免因混用而产生误解，在特指公正理论的时候，把 equity 翻译为公正，当把它作为规则进行分析的时候翻译为“贡献”或“衡平”。之所以不少社会心理学的文献中将 equity 翻译成“公正”或“公正理论”，大概是因为，在社会科学中最早关注公正问题并将其理论化的霍曼斯的交换理论中，就把 equity 视为最基本的公正。直到后来的研究者注意到其他的分配规则在公正性的判断中也占据重要位置。这里的公正理论（equity theory）是社会心理学有关公正的三个重要理论之一，其他两个理论是“公正世界理论”和“相对剥夺理论”。

这一来自亚里士多德分配正义的概念。

对于公正观念的研究，特别是在 20 世纪 60 年代到 80 年代这个时期内，社会心理学无疑占据支配性的地位[①]，并且绝大多数的研究都是实验性的[②]。主导性的框架是由霍曼斯（Homans）提供的分配正义理论。霍曼斯继承了亚里士多德的一个理论，即将正义等同于贡献与报偿之间的一个合适的比例[③]。但是，其意义与亚里士多德的“各得其所”已经有了很大的差别，这一理论必须放在一种交换、互动的关系中去理解。在此观点上，正义在于人们的获得与他们的投入是相匹配的。并且在这种观点成为理论家所关心的“交换的动力”的同时，许多实验研究则是根据受霍曼斯影响的亚当姆斯（Adams）提供的一个四项公式[④]为基础来考察在何种情况下，符合这个公式，以及在何种条件下是失衡的。

随后，研究者们发现，其他分配规则往往也被在互动中的行动者们所选择，由此，有关公正的经验研究就从较为单调的一元论框架，进入更为复杂和多样化的多维度框架。其中，达成共识的规则有衡平（equity）规则、均等（equality）规则和需要（need）规则[⑤]。并且研究者们发现，个体对分配规则的选择会受到个人特征、分配情境中参加者所做的贡献、社会关系、社会文化、历史背景、结果的特征以及结果分配的特征等因素的影响。公正规则在追求经济效益的领域最常用到；而注重集体的和谐与

---

① Karen S. Cook & Karen A. Hegtvedt, “Distributive Justice, Equity, and Equality”, *Annual Review of Sociology*, Vol. 9, 1983; David Rubinstein, “The Concept of Justice in Sociology”, *Theory and Society*, Vol. 17, 1988.

② David Rubinstein, “The Concept of Justice in Sociology”, *Theory and Society*, Vol. 17, 1988, p. 527.

③ 这与霍曼斯将心理学作为可以统一社会科学的科学论断有关，他认为，在社会学的水平上是永远无法对人类行为做出全面解释的，必须从心理学的高度着手才行，并且人类的一切行为与交换的动力都可归结于一个心理学命题，即人们愿意去做受到鼓励的事情（参见［美］霍曼斯《社会科学的本质》，杨念祖译，桂冠图书公司 1998 年版）；“霍曼斯心目中的人是能对幸福和痛苦作出理性判断的计算器，他们一辈子所热切关心的就是增加利润和减少损失。霍曼斯打算通过一系列推导来建立论点，他首先建立起这样一条公理：‘当人们感到他的活动的报酬越具有价值，他就越有可能去参加这项活动’”（［美］科塞：《社会学思想名家》，石人译，中国社会科学出版社 1990 年版，第 648—649 页）。

④ $I^0/O^0 = I^1/O^1$，即认为，所谓公平，就是自己的付出与获得之比，和他人的付出与收获之比，应该大致相等。

⑤ M. Deutsch, “Equity, Equality, and Need: What Determines Which Value Will Be Used As the Basis of Distributive Justice?”, *Journal of Social Issues*, Vol. 31, 1975.

合作时，往往会选择平均规则；在关系亲密的人群中，需求规则会用来表达情感上的关注和利益上的照顾[①]，也就是说，人们选择什么规则，往往与分配的场景和目的——是竞争、合作还是情感照顾——有关。

借助社会心理学的研究成果，从中我们可以发现，对于我们考察实践中人们的公正观念这项工作极有价值的信息，这些社会心理学的基础性前提和基本获得共识的理论，主要的贡献有三个方面：首先，它提出了三个有关公正分配的准则，即衡平、均等和需要；其次，它为我们通过经验研究的路径对规范性概念进行描述和分析提供了可能和可行的工具；最后，它在经验层面上为哲学上的前提假设提供了一个有效的验证，即人们有相信一个"公正世界"的需要，它不仅是哲学上所谓判断正当性的标准，而且是可归于实践检验的需要。

在此，恐怕对这三个准则的理论意义和可能存在的理解上的歧见进行讨论并没有什么帮助。因为，每一个这样的词，都牵涉了概念分析的诸多讨论，比如，equality，不仅在政治哲学上是一个永远备受争论的话题，即使在经验研究中，也充满了多样性。艾考夫（Eckhoff）就根据接受者的特征而将它分成了五种类别，并且艾考夫对正义的分析提供了一个一般的框架，其间正义过程的角色可以在与其他机制的关系中考察：契约的形成；市场的出现；在各种社会系统中，在互赖的程度变化的参与者中，规制交换和分配活动的一致意见的进化。在这个框架中，正义或公平不像许多心理学家那样地视其为许多动机中简单的一个（或者在竞争的偏好等级体系中的一套偏好）；相反的，它是社会结构的一个基本方面。正义也不单是掌权者如何驾驭权力的结果；而是在社会系统中占据不同位置的人将协商的结果视为合法或公平的不同表达。[②] 因此把它们作为可操作的有关分配的规则将是更为有效和更具有可操作性的。那么，衡平规则表现为，认为自己的付出与回报应该符合一定的比例。平等规则，在实质（而非形式或程序）的意义上大致等同于平均分配，比如，

---

① M. Deutsch, "Equity, Equality, and Need: What Determines Which Value Will Be Used As the Basis of Distributive Justice?", *Journal of Social Issues*, Vol. 31, 1975; E. Sampson, "The Decentralization of Identity: Toward a Revised Concept of Personal and Social Order", *American Psychologist*, Vol. 36, 1985, etc.

② Karen S. Cook & Karen A. Hegtvedt, "Distributive Justice, Equity, and Equality", *Annual Review of Sociology*, Vol. 9, 1983.

家庭财产继承中的诸子均分，在民主语境下更多地具有形式的、程序性的意义，即一种权利义务上的一视同仁。而需要规则，则可看作是一种按需分配。

2. 程序公正

当然，对于公正问题的研究并不限于分配公正中的准则问题。有的研究者开始认识到分配过程的重要性，比如，关于社会报偿（social rewards）的实验研究表明：在公共环境之下，对于数额不大的利益，处于不同地位的人都愿意选择有利于他人的分配原则以获得更多的社会报偿。这说明，因为利益是多元的，并且实验所用借助的“利益”对于受试者的意义轻重不同，会造成受试者选择上的差异。而且，无论在公开场合还是在私密空间，选择的过程和理由是不是要公开阐明，这类条件对于人们选择怎样的分配原则都可能具有很大的影响。[①]

此后的研究者开始使用大样本的问卷调查，去发现人们对于公正的看法，想以此使公正研究的结果更为接近普通人关于正义的感觉，也因此发现了程序正义的重要性。人们认识到，分配结果对于人们判定公正的重要性，可能要受到程序正义的影响，因此，分配公正不能成为判定公正的唯一范畴。之所以以往的研究只把分配公正看作“公正理论”的核心，是因为流行的功利主义进路（罗尔斯的正义理论在某种程度上也在此范围之内），将个体假设成经济理性人，忽视了程序公正的重要性。[②]

泰勒（Tyler）继泰伯特（Thibaut）和沃尔克（Walker）[③]对程序公正的研究之后，对程序公正如何影响公众法律意识进行了考察。他同意前人关于程序公正受到人们关注的结论，并展开新的大样本的调查工作。他发现，从人们遵守法律的态度来看，至少与结果是否公正同样重要的是，影响人们判断公正的因素还在于是否在法律执行过程中受到了公正的对待，包括权威是否中立无偏、是否诚实、是否有礼貌、是否尊重公民的权利，从而人们被有尊严地对待等这些涉及了具体情境的因素。人们之所以

① A. Kahn, Robin E. Nelson, William P. Gaeddert & June L. Hearn, “The Justice Process: Deciding upon Equity and Equality”, *Social Psychology Quarterly*, Vol. 45, 1982.

② Tom R. Tyler, *Why People Obey the Law*, New Haven: Yale University Press, 1990.

③ J. Thibaut & Walker, *Procedural Justice: A Psychological Analysis*, Hillsdale, NJ: Eribaum, 1975.

遵守法律，很大程度上不是因为惧怕违反法律而带来的惩罚，而是因为对于法律规定在道德上的认同。当人们能够感受到程序上的公正时，也就容易对法律获得道德上的认同。因此，这意味着理性人假设的功利主义进路，即认为人是通过对利益的结果进行理性计算而采取行动的假设，就需要进行修正，这直接影响了制定公共政策的指导思想与具体规划。随后，泰勒试图将这个程序公正的结论应用于法律领域之外以使之具有普遍意义。这种对程序正义的研究，特别注意了在分配过程中，上述情境性要素的意义。①

此外，对程序公正的关注，可以从对分配公正的批判中找到。对将衡平规则作为西方社会分配公正的基本原则的另一个具有程序意义的批评来自罗宾斯泰因（Rubinstein）。② 他认为，理论家们将贡献理论作为公正问题讨论的普遍性基础是有问题的，其中的原因之一是，理论家们只关心接受者，而没有注意分配者一方。现实中的所有物品都是有主物，而理论家们似乎把它们当作了某种共同财产来讨论如何分配为正当，可是在实际生活中，所有权的原则才是首要的。并且，在西方社会中，最重要的分配原则是市场原则，它本身运行的并不是付出与收获相平衡的规律，而是价格规律。显然，这一挑战秉承了诺齐克的有关产权理论的观点。

如果对程序公正进行广义的理解，把与分配结果无关的公正性判定视为有关程序公正的判定，那么我将把依据所有权分配视为正当的原则作为程序公正的一部分，而所有权往往与财产的历史紧密结合在一起，在没有确定是否享有所有权之前，可以把这种因为历史原因而声称公正的规则称为历史规则，比如，认为应该拥有一块土地的权利，是因为声称者以前就拥有它。

程序公正研究的启示在于，人们在判定是否公正的同时，不只关心结果上的分配是否令人满意，而且还关心分配的过程中的一些情境性要素。它们与结果是否公正无关，而仅与行动者的资格、互动过程中权威的中立性，与是否值得信任、决策过程的参与性、是否被有尊严地对待等有关。这实际上揭示了尊严平等的价值，它使得即使在层化严重、分化明确的社

① Tom R. Tyler, "Social Justice", *International Journal of Psychology*, Vol. 35, 2000.

② David Rubinstein, "The Concept of Justice in Sociology", *Theory and Society*, Vol. 17, 1988.

会也能够在某种程度上不因为生活中人与人之间的不尊重与怨恨构成冲突。

通过对以上研究的梳理——主要是社会心理学领域的研究成果——我们可以发现，尽管在规范的取向上有着无法盖棺定论的多元论与一元论的争论，但在经验的层面上，可以肯定的是，有关公正的判准是多维度的。为了分析的便利，去除这些判断标准的价值成分，仅仅把它们当作有关分配的规则，可以总结出有关公正判定的如下几个规则：

第一，在分配公正方面：衡平（应得或贡献）规则、均等（平等）规则、需要规则；

第二，在程序公正方面：历史规则、有约必守、主观感受的尊严与平等等与分配结果无关的规则。

（二）“中国人的公正观”

有一种研究范式可称为本土学研究，这个领域的研究者特别关注华人在行为、心理、规范等方面所呈现出来的不同于西方传统的特征。其中，关于中国人公正观的讨论，集中在两个方面：一是有关“衡平规则”的研究；二是有关关系和情境的研究。其中都隐含着中西方比较的视角。

1. 关于衡平规则的研究

衡平规则是公正理论的一个核心的规则。张志学曾对有关“中国人的分配正义”研究做了一个有价值的回顾，他对华人社会分配公正研究的现状、中西方在分配公正上的差别等内容都做了详细的报告。[①]

从宏观的视角看，有一些研究循着西方经典分配公正的路径。亚当姆斯观点的核心是，公平表现为个人在交往中感到自己在社会交换中付出与所得之间的比率与其交往伙伴的付出与所得之间的比率是相等的。但均等必须要有一个参照的标准，交往伙伴的获得与付出是最为直观、易得的参照对象，因此，通过这种比较而感受到的公平就会被人们所接受。[②]

---

① 参见张志学《中国人的分配正义》，载杨国枢等《华人本土心理学》（下），远流出版公司 2005 年版。

② Adams, J. S., “Inequity in Social Exchange”, Berkowitz ed., *Advances in Experimental Social Psychology*, NY: Academic Press, 1965, pp. 267 – 299.

具体地说，这里的付出包括了对完成某种任务所做的各种投入，如受到的训练、资历以及努力，而所得也包括了薪金、福利等物质报偿和从工作中获得的满足等内部报偿。如果人们感到这个比率是不相等的，就会有不公平感，从而影响他们的行为，减少投入，在心理上扭曲自己或他人的投入与产出，改变比较的对象，甚至改变交往的对象，以消除不公平感。[①]

有研究者认为，对亚当姆斯公式的运用必须考虑机会平等的问题，只有在基本能保障机会平等的社会中，这个公式才是有效的，比如市场充分发展的资本主义社会。然而在中国改革开放初期，人们发现彼此之间的机会是不平等的，甚至有相当大的差距，所以这个公式需要加入机会的参数。而且，是机会这个参数起到调节公式平衡的决定性作用。机会平等同时也成为20世纪80年代中后期经常被讨论的问题。[②]

可以说，人们所能感受到的公正都与在一定程度上自己的得到与收获平衡有关，只是在衡量过程中所考虑的因素会有所不同，不同因素所具有的权重也不同。这一点也是本书所赞同的。

后来的研究者认为，这些研究所借助的都是“物质”性的回报，没有考虑非物质性的回报可能带来的影响，应该对公平理论中的某些概念进行解释。比如，在中国社会大部分人的心目中，重要的报偿是住房、出国、权力；而付出或贡献则包括个人的工作业绩的积极贡献，劳动条件的艰苦、工作要求的严格以及责任和风险等消极方面的担当。[③] 正是所谓的功劳与苦劳。尽管人们仍然把个人的品质、政治倾向、年龄资历等因素作为分配的投入，但基于贡献而分配的公正规则已经被广泛接受。

总的来说，这些研究所发现和检验的大多是人们在工作领域所抱持的公正观，而不涉及私人领域的交往关系。并且，他们基本承认，以贡献来确定报偿的衡平规则在工作领域被普遍接受。

① 张志学：《中国人的分配正义》，载杨国枢等《华人本土心理学》（下），远流出版公司2005年版，第890页。

② 同上书，第891页。

③ 同上书，第894页。

2. 源于传统的公正观要素：关系与情境

进一步借助实验方法[①]的较微观层面的研究也逐渐兴起。并且，人们开始发现一些与西方社会相区别的具有中国传统特征的公正性判断规则，得出区别于西方的公正观念。

对中国受试者的一般分配规则选择的倾向性研究中发现，中国人在分配报偿时有偏向他人的倾向。当别人完成的工作量多于自己时，大多数受试者都赞成采取按比例分配的方式（即衡平规则）；而当别人完成的工作量少于自己的时候，则赞成采用平分的方式。这被认为是“宁可自己吃亏不占别人便宜”的“传统”做人原则，这与个体现代性水平相关，现代性水平越低的人越倾向于这样做。[②]

朱真茹与杨国枢研究发现：“在考虑如何分配报酬才算公平时，中国大学生很关心和同事间的关系。他们以 128 名大学生作为研究对象，请他们每个人和一位由实验者虚构出来的同事合作抄写法文。抄写完毕后，实验者请学生分配两人所得的全部报酬。结果这些学生并没有按劳取酬。当同事作业量比自己多时，被试者大都按劳取酬。但当自己的作业量较同事多时，他们都将报酬与同事平分。”“这说明，中国人（尤其是传统及集体主义较强的中国人）会较为他人设想，宁愿自己吃亏，也不占别人便宜。”“这种利他精神也反映出中国人在评估自己应得多少报酬时，目光并非放在自己的劳动和能力上，而是放在自己和别人在分配处境中的社会

---

① 在社会学心理学领域，人们通过实验室法或情景实验的方法发现，中国受试者的分配方式与已有研究结果中得到的西方受试者的分配方式不同。在探讨个体在分配情境中采取何种公正规则来分配资源时往往采用这样的方法：让两个人，一个是真正的受试者，另一个是研究者的同伙一起来完成某项任务，并告诉受试者在完成任务后将得到报偿，通常是少量的钱。在一种情况下让受试者在一个房间里单独工作，并让他相信他的合作者在另一个房间与他共同工作；在另一种情况下两个人在同一个房间里工作。研究者操纵双方的工作量，并告知受试者其完成的工作量比合作者多、少或相等，然后让受试者在自己与合作者之间分配报偿。在有的情况下，研究者让第三者根据某种规则将报偿分配给受试者和与其合作者，让受试者判断分配方式的公平程度。情景实验法，则是让受试者阅读一个情景故事，想象自己与他人一起完成某个任务并得到奖赏，然后让受试者分配或评价某种分配方式的公正程度。其中人们最为经常讨论的分配规则有公正规则（应得规则或贡献规则）、平均规则和需求规则三种（李美枝：《内团体偏私的文化差异：中美大学生的比较》，载杨国枢、余安邦《中国人的心理与行为》，桂冠图书公司 1992 年版，第 154 页）。而后研究者进一步去发现，影响人们分配规则选择的因素是什么。

② 参见朱真茹、杨国枢《个人现代性与相对作业量对报酬分配行为的影响》，《中研院民族学研究所集刊》（台北）1976 年第 14 期。

关系上。"[①] 随后的研究也显示，关系在公正性的判断上的核心地位，"公平原则会因关系而转移的现象不只会在分配报偿的处境出现，在日常处事的处境中也极明显"[②]。赵志裕以96名香港大学生作为被试者，研究关系（长辈、平辈）及互动情境（工作情境、家庭情境）对各种处事程序上的公平原则的评估。结果显示：当一个人在平辈间分配工作时，被试者便要求分配者在做决定时要绝对公平。但当长辈向晚辈分配报酬时，被试者便较不要求他在做决定时要绝对公平。当长辈将工作分配给晚辈时，被试者便较希望他的决定是可以被改变的；但当长辈将报酬分配给晚辈时，决定可否被改变便较不重要。此外，为他人着想这一原则在家庭中比在工作环境中更为重要。借此认为，公正原则的转移是因为，"在不同关系中，成员间彼此有不同的角色要求"。"在港台两地的学生族中，公平判断似乎不是依循着具普遍性的道德原则。相反地，像角色义务等特殊性关系似乎是他们在判断一件事公平与否时的重要考虑点。"[③]

这两个方面的研究说明：一方面，中国人有利他的倾向，并且这种倾向符合中国传统；另一方面，中国人在考虑公平分配的时候，"关系"以及由关系所确定的在传统伦理秩序上的角色义务处于十分重要的地位。

这种中国人偏向他人的结论往往与集体主义和个人主义的中西差别的判断联系起来，以提供解释。集体主义与个人主义成为最常被提及和讨论的文化模式，其中，中国被认为是集体主义的代表，美国则被认为是个人主义的代表。正是基于这个理论上的区分，张志学总结道，在个人主义社会里，正义是普遍、绝对及抽象的，其中的每个社会成员被认为生来是平等的并应当受到一样的对待；而在集体主义的社会中，由于相信人是群体中的一员，正义就变成特殊、相对及具体的，它在不同的情景脉络中会有不同的含义。[④] 在做正义判断时，人会考虑到每个人的特殊情况。实际

---

① 参见朱真茹、杨国枢《个人现代性与相对作业量对报酬分配行为的影响》，《中研院民族学研究所集刊》（台北）1976年第14期。

② 参见杨中芳、许志超《平均分配与不公平感》，《中华心理月刊》（台北）1986年第25卷。

③ Chiu，Chi-Yue（赵志裕），"Procedural Justice and Interactional Contexts in Chinese Society" Unpublished manuscript，Hong Kong University，1987。

④ 参见张志学《中国人的分配正义》，载杨国枢等《华人本土心理学》（下），远流出版公司2005年版。

上，在进行中西方公正观念比较的研究中，往往会做这样的预设，同时，这个预设又成为解释中西方行为差别的基础。

但后来有的学者倾向于否定这个预设，甚至从根本上否定个人主义—集体主义这个研究范式。这个范式中的一个重要内容就是普遍主义与特殊主义之间的对立。翟学伟认为，普遍主义与特殊主义在中国社会中，由于受到其自身的文化和经验的影响，并没有西方社会学家所认为的对立关系，而是以情理相容、相互包含乃至彼此转化的方式预设和运作的，这是情理社会的运行逻辑，而中国社会在当下仍是以此为基础的社会，从而认识中国社会也必须打破这种二元对立的模式。集体主义是否能够用来指称中国社会早已受到质疑，那么基于这个模式划分做出的判断也就更需谨慎对待。①

许烺光在其著名的比较文化人类学著作中，从不同文化背景下人们处世态度的不同而区分三种类型：情境中心、个人中心和超自然中心。其中，情境中心就用于表述中国人的处世态度：

> 情境中心的处世态度以一种持久的、把近亲连结在家族纽带之中为特征。……一个恪守情境中心的中国人，事实上倾向于具有多重道义准则。囚徒的准则不同于看守的准则，男人的准则不同于女人的准则。情境中心的中国人，由于在自己的初始亲属关系集团中享有某种在这一集团之外享受不到的安全连续和持久的地位，因此他较之其他许多社会的普通人，对自己的生活有更大的确信，从而更可能悠然自得。既然持有双重或多重道德行为准则被视为正常，那么这些标准也不会给个人内心带来任何冲突。②

也就是说，许烺光认为，在中国社会中，人们对于自己的社会角色和相应的义务因敏感而确定，个体的社会行为不可能基于个人的情感和价值，而是受具体情境的影响。由于人们接受多重情境对应多种准则，因此能够坦然面对各种情境的变换与准则间的紧张。显然，情境中心指向相对封闭而稳定的社会结构和角色规范。个人被编织在人际网络之中，由于在

---

① 参见翟学伟《人情、面子与权力的再生产》，北京大学出版社 2005 年版。

② 许烺光：《宗族、种姓、俱乐部》，华夏出版社 1990 年版，第 2—3 页。

一个以家族为基本结构的社会中所处位置、身份的不同，不同的角色有不同的行为准则。

赵志裕的研究深入了这个主题，从传统社会对于角色期待与责任承担的角度探讨了中国人的公正观念传统，强调公正观念的文化性，将正义观念与中国社会中调节人际关系的基本原则联系起来。[①]

更有一些偏重文化研究的本土主义学者，把儒家伦理和公正观念联系起来，其中把公正观念对应于汉语词汇“义”，儒家经典中有关正义的核心概念是“义”。[②] 赵志裕发现，在中国人的语义空间中，“义与不义”和“公平与不公平”非常接近，进而他对儒家典籍中有关“义”的经典语句进行了总结，发现作为宏观社会规范的“义”对个人行为及其心理都有重要的影响，并且，即使在当今，“角色期待”依然是中国社会调控的基本原则之一和现代中国人进行正义和公平判断时的依据，同时，作为公正原则的“义”也依然具有很大的相对性。[③]由于“义”本身所规定的秩序性与角色安排，也就使得“利”与“义”之间处于一个紧张关系之中。但是，儒家伦理并不排斥“利”的获得，只是对于符合“义”的道德规范的君子来说，“利”要取之有道。

那么“义”的本质又是什么？它实际上是一套以身份关系为依托的伦理规范。黄光国把这套正义观念称为“地位伦理”[④]，这与梁漱溟等人伦理本位的观点一致，也与费孝通提出的“差序格局”有共同之处，“义”本身就是特殊情境下的道德标准。这种特殊情境就是由一定的身份关系和行动者互动的内容所划定的。从另一个方面来说，中国人的公正观

① 参见赵志裕《义：中国社会的公平观》，载高尚仁与杨中芳《中国人中国心：传统篇》，远流出版公司 1991 年版；赵志裕《义与利》，载何友晖等《世道人心》，香港三联书店 2005 年版。

② 例如，Young，“The Concept of Justice in Pre-imperial China”，Rechard W. Wilson ed.，*Moral Behavior in Chinese Society*，New York：Praeger，1981，pp. 38 – 72；黄光国：《儒家思想中的正义观》，载杨国枢、黄光国《中国人的心理与行为》，桂冠图书公司 1991 年版；赵志裕：《义：中国社会的公平观》，载高尚仁、杨中芳《中国人中国心：传统篇》，远流出版公司 1991 年版；严奇峰：《互动平衡理论——从儒家规范与正义观点探讨本土之和谐人际互动关系》，《中原学报》1993 年第 22 期。

③ 赵志裕：《义与利》，载何友晖等《世道人心》，香港三联书店 2005 年版。

④ 黄光国：《儒家思想中的正义观》，载杨国枢、黄光国《中国人的心理与行为》，桂冠图书公司 1991 年版。

念是具体、特殊、相对的。

因此，总结以往关于中国人公正观的研究，可以得到以下特征：

第一，中国人有源于传统的偏向他人的倾向。

第二，在工作领域，衡平规则在分配公正中扮演着重要角色。

第三，在个人交往、处世的态度和行为规则的选择方面，以传统儒家为主的伦理道德所规定的秩序仍然发挥重要作用，因此中国人在私人领域具有利他主义倾向，并会根据关系的远近和性质不同而选择正当的行为逻辑，进而，中国人的公正观念是情境性的、特殊主义的。

第四，在以具体情境来判定公正的公正观中，根据角色关系进而依据传统伦理产生的角色义务在很大程度上是人们判定公正的标准。

（三）多元主义与情境主义

从上面的研究可以看出，社会科学中对中国人公正观的研究一直集中在社会（文化）心理学领域。并且，研究者多以西方理论为基础，为比较对象，特别是以普遍主义的西方社会特征为参照。

当然，普遍的并不是一元的，而是在一定的分类模式下，人们判定公正的标准是相对稳定的，不是因人而异的。在总结分配公正规则的过程中，我们能够发现，至少有三种被公认为主导性的公正规则，即衡平、均等和需要。它们分别在不同的领域被相对稳定地主张。因此，普遍性本身就建立在分工的基础之上，普遍的也可以是多元的。

与此不同，对中国人公正观的研究则发现，除了在工作领域由衡平规则占主导位置以外，在其他场合下，人们对公正规则的选择具有很大的差异性，其中角色关系、角色关系背后的传统规范是重要的因素，人们对某种分配安排是否公正的判断首先要考虑的是谁或向谁做出的分配，也就是分配者和接受者之间的关系。这种公正观念与多元主义的公正观不同，是情境主义的。总而言之，情境主义的公正观是关系导向的，根据关系亲疏的不同，考虑特殊处境而选择公正规则。

因此，我所称的多元主义，是指存在多种公正规则的认同，并且在一定的领域中主导性的公正规则是确定的，典型的是在总结以往研究中常见的公正规则时所看到的西方社会。而情境主义，则是中国社会心理学研究中所展现的，没有普遍判断准则，一切对公正的判断都是根据具体的情境，具体的关系属性、角色期待为基准的公正观念。

二者之间的差别在于，对于情境主义，不同公正规则的选择区分了公与私，即区分了角色、身份关系的亲疏、性质，情境性地做出选择，而不是像多元主义那样，根据竞争、合作或感情照顾这些不同的分配目的而选择，也不是根据市场领域、福利领域、家庭领域中所分配的物品性质不同而选择。关系取向的情境主义也就较不具备一视同仁的普遍性，它的来源多归于传统的伦理秩序，因此也就更具传统的特殊主义特征。并且，由于多元主义区分不同领域而有不同的公正规则，因此在法庭审判方面是法律形式主义的和严格遵循法律的；同时，情境主义是关系取向的，是分工、分化不完全的。因此在法庭审判中，对情理的考量发挥重要作用，裁判的结果是不稳定的。二者特征的具体比较可见表 1—1。

表 1—1　　多元主义与情境主义特征比较

	多元主义	情境主义
公正规则的分类标准	分配目的、领域	分配关系、情境
现代性特征	普遍主义	特殊主义
主导性公正规则	相对确定	不确定
法庭审判的主要依据	法律	情理

（四）讨论：中国人的公正观研究

有关中国人的公正观研究表明，中国人在做出资源分配的选择、确定何为公正的分配方式时，通常会考虑自己与他人之间的关系，以及在这种关系之下的角色规范。它们存在于未经结构化的情境之中，因而显得并不足够清晰。他们大多承认传统的中国社会并不存在超然的、普遍的、抽象的公正观念，而只存在实在的、特殊的、具体的公正观念。① 无论在文化因素塑造的人格倾向上，还是在人际关系的行为上，或者是在儒家规范的规定性上，人们的公正观念总是因人而异，充满了不确定性，其中最重要的变量就是分配者和接受者之间的身份（地位）的差别或差距。这个结论为我们深入这个主题的研究提供了基础，但是它们的局限性也是不可避免的。

① 张志学：《中国人的分配正义》，载杨国枢等《华人本土心理学》（下），远流出版公司 2005 年版，第 889 页。

首先是方法上的缺陷。大部分的中国研究是通过实验方法进行的。在实验方法中，报偿往往是很少的货币或筹码，并不关涉实质性的切身利益，因此很难确定在真正涉及利益考量时，被试者的选择是否会发生改变，这是实验法本身不可避免的缺陷。并且，这些被试者多为香港或台湾的大学生，受试者范围的局限性也使得研究结果的代表性受到质疑。这点已经被学者们指出：过去十多年来，对中国社会公平观的研究最大的限制在于研究者没有离开校园去观察普通大众的公平观是怎样的。[①]

以往的研究还没有很好地区分中国“社会”的公正观与中国“人”的公正观，在某种意义上，也是没有区分规范与经验。这确实是个难题，在社会规范与法律制度一起将某个道德系统贯行起来以后，个人内心确认的公正观念会与社会规范重合，但是，如迪尔凯姆所证明的，当社会团结发生变化时，规范的约束作用也会发生变化。特别是当内心确认并可引以为正当理由的规范与外在的社会规范发生冲突的时候，人们在行为选择上会出现似是而非的状态。而人们究竟对哪些规则和原则有信心，则需要深刻挖掘和体会。

并且，这些研究也没有注意到个体间社会互动内容的分类以及互动所发生的领域差别。由于没有一个真实的场景——因为大多是实验的方法——也不可能让人们在不同的冲突场景之下对适用何种公正规则做出选择，因此，这种有具体内容的真实“情境”上的差异，比如，陌生人之间、熟人之间、家庭成员之间，不同关系的主体，是否会采取不同的分配规则，就无法得到答案。

情境主义公正观带来对公正观认识的某种程度上模棱两可的感觉，其中的原因，在于规范性与经验性之间的混同，没有或者无法厘清二者之间的差别。比如，从中国典籍中的公正规范来探讨中国人正义观念的研究，就把主流意识形态所认为的公正当作人们在经验生活中所认同的公正。这也带来描述性与解释性之间的混同，用集体主义与个体主义的比较就是如此，用对某种现象的原因的解释，代替了描述这种现象本身。而有关中国传统儒家伦理的讨论不但没有厘清公正观念的本质，反而使之更加模糊了。再加上实验研究本身所不可避免的缺陷等，都使得以往的研究充满诸

① 赵志裕：《义：中国社会的公平观》，载高尚仁、杨中芳《中国人中国心：传统篇》，远流出版公司 1991 年版，第 278 页。

多令人不甚满意之处。

特别是在转型社会中，规则处于变动之中，由于新的规则在支配性权力之下被赋予了某种“合法性”（legitimacy），人们可以利用其而宣称自己行为为正当。许烺光[①]所看到的“情境中心”的中国人的处世态度，在一个结构变动的社会中，不同的能够提供行为合法性的社会资源，已经无法维持“悠然自得”的心理状态。同时，新角色、新身份、新关系的出现也带来规则认同的问题，以角色关系确定公正规则的原理如何适应这种变化便会成为问题。

并且在研究取向上，以往的中国研究都过于强调中西方差别，从而忽略了分析性要素。已经有研究指出了这一点，赵志裕的研究发现，在中国社会，虽然更加允许偏离贡献规则，但是，这并不意味着中国人相对于贡献规则更喜欢平均分配。在所有的研究参与者分配报偿的研究中，中国和美国的参与者比起平等规则都更坚持贡献规则。轻微的偏离在下面的条件中被认为是正确的：分配是在自己和内群体成员之间进行的；是强调群体和谐的情况；群体内聚很高。另外，分配者对这个群体的分配决定是有说明义务的，这可以看作是一种对程序正义的要求。当中国的分配者匿名分配一个报偿的时候，他们与美国人一样坚持贡献规则。这又一次说明公正规则的选择与情境性因素是强相关的，另一方面也说明，是否要公开言明会对公正规则的选择产生重要的影响。[②]

这并不是说以往研究中所发现的中国人对公正判定的一些特殊之处的结论是完全没有价值的，而只是说，以往的这种比较没有做到足够的区分，或者说，并没有抓住中西方差别的实质所在。更进一步说，在我看来，中西方的差别可能并不在于在公正规则的认同上存在差异，而是在适用公正规则的领域划分上有本质上的差别，那么这种差别究竟是如何表现的？这也是本书将要探讨的问题。

三　问题提出：何为公正观？

无论如何，西方社会的公正观念研究和中国本土的公正观研究都为问

① 参见许烺光《宗族、种姓、俱乐部》，华夏出版社 1990 年版。

② 赵志裕：《义与利》，载何友晖等《世道人心》，香港三联书店 2005 年版。

题的继续解决奠定了基础，提出以上两种公正观的模型，其目的在于将它们作为本书研究的参考框架。当然，本书并不完全同意关于中国公正观的研究结论，即认为中国人的公正观念中充斥着浓厚的传统观念色彩，因此而具有特殊问题特殊处理的绝对意义上的不确定性；也不认为中国社会已经进入了西方意义的现代化阶段，因此在公正观的构成之中是多元主义的。那么，在当前历史条件下，就财产分配而言，公正观究竟是什么？这正是本书所要回答的核心问题。

具体来说，中国人的公正观念中是否存在一个较为固定不变的公正规则？如果存在，它是如何表现并发生作用的？如果不存在，那么是否像多元主义那样，在经过情境的划分以后能够找到各个情境中具有主导地位的公正规则；抑或像情境主义所说明的那样，是绝对没有确定性的因人而异？

本书所关心的，不是在规范或宏观的社会公正的层面上考察公正观念，而是考察实践或经验意义上的个人对财产分配中公正规则的选择，因此不是实验研究中的筹码或记分，而是真实的财产利益的分配，是人们在做出判断和陈述理由时所关心的对象。在这个真实的竞争之中，我们将看到，多元主义和情境主义在何种程度上解释了当代中国人的公正观念，在怎样的面向上是无法解释的，因此，必须发展出一个新的概念来阐释公正观念，并借以回应和解释中国社会和司法生活中多种传统并存的“现代性”状况。

第二章

材料与方法

一　案例:材料与方法

一般认为，在转型社会中，人们所遵行的规则、所认同的所谓正当的理由都可能会发生变化，法庭对于了解这些变化提供了重要的场所，公正观念的差别往往可以反映在不同社会中人们如何执行法律与解决争端上。本书就试图在法庭发生的案件中去寻找人们所遵行的被视为公正的规则。本书将探讨近20年来，在财产纠纷当中处于不同关系类型的当事人以什么样的理由公开宣称自己获得财产是公正的。同时，案件的冲突程度无法控制为绝对一致的水平，而只能说是相对激烈的冲突，即争议的财产无论价值大小，对于当事人来说是非常重要的。

（一）材料的获得

材料来自2003年到2005年搜集的53个案件，具体搜集材料的方法以文献和访谈为主。所涉及的地区为河南、河北、辽宁、湖北和北京，来自4个基层法院、1个中级法院以及1个律师事务所，从阅读的大量财产案件中选择，部分案件通过对当事人和法官的访谈（包括群体焦点访谈）而获得更全面的信息。

案件的选择标准是根据案件的争议或复杂程度，即经过的审级越多、被审判的次数越多便意味着冲突双方的分歧越大、各自越是坚信自己的行为为正当，也就越能够成为本书使用的材料。

（二）方法说明

在方法论上，本书采用的是以定性为主的案例研究，分析单位是不同类别的当事人之间的关系。案件被作为单独的事件看待。通过描述具体案件中财产争议的当事人所表述的理由，分析在他/她的表述中，合法化其诉求的理由中的公正规则，来总结在不同的关系类型中是否有确定、稳定、主导性的公正规则，或者有一定的选择公正规则的逻辑。进而分析、比较在不同类型的关系中公正规则的共性与差异，对公正观念提供一个整体性的图景。

将民事案件作为研究对象几乎成为近来经验性的法律社会学研究的"传统"。[①] 选择民事案件的原因大多在于，民法是私法，而且民事案件与日常生活紧密相关，更能体现日常社会生活的逻辑。但在以往的民事案件的探讨中，学者们特别关心的是"治理"模式和法律多元，而本书选择民事案件作为研究材料，想要考察的目标和进入问题的路径是完全不同的，是从当事人的行动（行为与话语）出发来发现他们对于公正的认识。在中国，无论当事人对法律是怎样一种态度[②]，普通人选择法律诉讼仍会是"不得已而为之"，因此，更容易从当事人行动的意义与正当化的理由中发现观念的冲突。

把民事案件作为研究的材料，可以在一定程度上克服社会心理学研究的局限。每一个纠纷中都涉及真实的利益冲突，当事者的意见在法庭的"公共空间"中被表达出来，他们争执、坚持或放弃各自的观点，并力图说明理由以正当化其诉求。在公开辩论的背后是这些公正规则的冲突与协调，更深层的是各种规范有效性的争夺，而最终则是权力（文化）网络的图景。从而可能发现依据不同身份关系的公正原则的某种倾向性。这时，一个法律案件已然成为一个事件，在身份关系的框架中，各种因素的影响也都凸显出来。

---

① 参见朱苏力《送法下乡》，中国政法大学出版社 2000 年版，以及《法治及其本土资源》（修订版），中国政法大学 2004 年版；强世功《法律是如何实践的》，载王铭铭、王斯福《乡土社会的秩序、公正与权威》，中国政法大学 1997 年版；赵晓力《关系/事件、行动策略和法律的叙事》，载王铭铭与王斯福《乡土社会的秩序、公正与权威》，中国政法大学 1997 年版；等等。

② 以往法律史的研究认为，传统规范和社会现实表达的是一种厌讼的态度，有学者则认为在无讼的社会理想下实践的是惧讼的态度，参见郝铁川《中华法系研究》，复旦大学出版社 1997 年版；尤伊克和西尔贝在《法律的公共空间——日常生活中的故事》（商务印书馆 2005 年版）中则将日常生活中的法意识总结为畏惧法律、利用法律和对抗法律。当前，更多的法官则认为人们对法律的态度是实用性的。

二 关系:分析的框架

(一) 为什么是关系?

本书的分析框架是“关系”。将“关系”作为案件分类的维度，进而作为分析单位的坐标，主要出于以下两个方面的原因：首先，关于中国人公正观的研究大多不是以关系为视角就是将关系直接作为讨论的对象。要想回答本书提出的问题，并对多元主义、情境主义做出回应，用关系进行分类，考察关系对公正规则选择的影响，无疑是最直接、最恰当的；其次，中外不少与公正相关的研究也都借助了对关系本身的分析。

爱迪特（Edith）和泰勒在讨论程序正义时，就采用了德琦（Deutsch）[①] 的关系分类模式来讨论程序正义可以超越纠纷解决的领域而普遍化于各种情境。德琦假设，参与者对分配决定的反应是以分配者所共享的关系特征为基础的，关系分为 4 个维度：在情感取向上，工作关系对应社会关系；在权力取向上，平等关系对应不平等关系；在关系的性质上，正式关系对应非正式关系；在互动角度上，合作关系对应竞争关系。而后进行排列组合形成 16 组人际关系，在此基础上进行分析。菲斯科（Fiske）试图通过一种心理学上的四分法来开创一种整合社会关系的理论，社会关系构成了 4 种领域：共享（communal sharing），在这样的一个领域，所有一个类别中的成员都被平等地对待；权威等级（authority ranking），人们在一个线性的秩序上获得自己的位置；平等相称（equality matching），在这个领域，人们明了何为不平衡（比如，我帮了你两个忙，而你只帮了我一个，则你欠我一个）；市场定价（market pricing），在这个领域，人们之间的关系理性地指向一种比值。[②] 汉密尔顿（Hamilton）和桑德尔（Sanders）在将责任作为主要目标进行文化比较的探讨时，注意到在社会关系上的两个维度，以此作为日本人和美国人对于责任看法的一个比较的基础。这两个维度是社会内聚和等级，并因此构成 4 个理想类型

---

① Edith Barrett-Howard & Tom R. Tyler, “Procedural Justice as a Criterion in Allocation Decisions”, *Journal of Personality and Social Psychology*, Vol. 50, 1986.

② A. P. Fiske, “The four elementary forms of sociality: framework for a unified theory of social relations”, *Psychological Review*, Vol. 4, No. 99, 1992, pp. 689 – 723.

的关系模式。[1]

需要注意的是关系在不同意义上的区分。爱迪特和泰勒研究中的关系本身是多维度的，是从关系的性质、特征的角度，而不是从“测量”的角度来枚举、区分各种关系的。菲斯科的分类目的在于用关系的分类来划分心理图式上的不同领域。它们对关系的使用与本书都有所不同，本书将关系本身作为标尺，将根据某种意义上可测量远近的不同关系类型置于一个连续的谱系中。比较接近的是汉密尔顿和桑德斯将关系分为相对平等的社会内聚维度与有纵向差别的社会等级维度，但本书集中于前者，并集中于表征社会内聚程度的关系的远近，并不涉及社会内聚的其他含义。

在中国研究中，也不乏对公正规则和“关系”之间的关系的关注，学者们分别通过不同的角度来区分关系。

杨国枢根据中国人的人际关系或社会关系的亲疏程度将中国人的关系分为3大类：家人关系，指个人与其家人（父母、子女、兄弟、姐妹、丈夫及其他家人）之间的关系；熟人关系，指个人与其熟人（亲属、朋友、邻居、师生、同事、同学及同乡等）之间的关系；生人关系，指个人与生人（与自己无任何直接或间接的持久性社会关系的人）之间的关系。“在家人关系中，彼此要讲责任（即责任原则），而不那么期望对方做对等的回报（社会交换的预期最低）。在熟人关系中，相互要讲人情（即人情原则），以双方过去所储存的既有人情为基础，以自己觉得合适的方式与程度，从事进一步的人情往来。因无血缘关系，人情的亏空或赊欠终有限度，自然较会期望对方回报（社会交换的预期中等）。至于生人关系实际无任何实质关系，彼此相遇或打交道，只能依照当时的实际利害情形而行事（即利害原则）。两者之间既无血缘关系，也无人情关系，因而比较会精打细算，斤斤计较，对给与取的平衡或公道相当敏感，对回报的期望也很高（社会交换的预期最高）。”[2]

黄光国依“情感性—工具性”划分出3类关系：情感性关系（ex-

① V. Lee Hamilton &Joseph Sanders, *Everyday Justice*: *Responsibility and the Individual in Japan and the United States*, New Haven: Yale University Press, 1992.

② 参见杨国枢《中国人的社会取向：社会互动的观点》，载杨国枢与余安邦《中国人的心理和行为》，桂冠图书公司1993年版。

pressive tie）、混合性关系（mixed tie）及工具性关系（instrumental tie）。他认为，典型的情感性关系是家庭关系、亲友关系，在交往中遵循“需求法则”；典型的工具性关系是陌生人关系，在交往中遵循“公平法则”；典型的混合性关系是熟人关系，在交往中遵循“人情法则”。由上述他对关系划分的描述来看，他的分类结果似乎也是“家人”“熟人”及“生人”，与杨国枢的分类没有本质上的差别，而且在不同关系类别中，人们所尊崇的规则也大同小异。①

杨宜音从费孝通的差序格局出发，根据先赋性与交往性的程度，将关系分为4种典型的类别，即先赋性高且交往性高（例如一般情况下的家人）、先赋性高且交往性低（例如一般情况下刚刚建立的婆媳关系）、先赋性低且交往性高（例如一般情况下刚刚出嫁的女儿与其父母的关系）、先赋性低且交往性低（例如一般情况下与陌生人的关系）。这个由先赋性与交往性两个维度建立的分类，可以命名为“自己人/外人”分类。② 从情感的角度看，这样的划分正符合杨中芳的情感分类，即“人情”与“真情”相一致。“人情”是一种先赋性的情感，而“真情”需要通过交往而形成。并且这种“自己人”和“外人”的边界符合差序格局的特征和逻辑，是能够伸缩的，即先赋性可能通过增加的交往性而获得。③

以上中国研究中的关系——不是作为社会资本的“关系”——尽管处于不同的研究目的、生发不同的概念，在具体分类时侧重有所不同，但在其本质上，都是依据自我与他人之间关系的亲疏程度进行分类的。大致把关系分为3类或4类；家人、陌生人以及二者之间的一两种关系。与之相比，本书所使用的关系先剔除了这些关系本身的性质（感情、工具或先赋、交往等），而仅从客观的关系亲疏出发，进而在实践的层面上，用人们在财产纠纷中选择的公正性判断规则反观这些关系的性质。

杨国枢和黄光国几乎一致地认同：家人关系遵循需求规则；陌生人之间遵循衡平规则（“公平法则”）；熟人关系遵循“人情法则”，但并

---

① 参见黄光国《人情与面子：中国人的权力游戏》，载黄光国《中国人的权力游戏》，巨流图书公司1988年版。

② 参见杨宜音《“自己人”：一项有关中国关系分类的个案研究》，《本土心理学》2000年第6期。

③ 参见杨中芳《试论中国人的“自己”：理论与研究方向》，载杨中芳、高尚仁《中国人·中国心——人格与社会篇》，远流出版公司2000年版。

没有说明人情法则在本质上究竟属于哪一个规则。通过本书的案例，我们将会发现，这些看起来非常合理的分配公正实际上仅仅是“理论”上的假设。

因此，以关系为框架对于本书的分析来说是最为合适的。通过不同的关系分类，可以对比并测量“情境”和“多元”两种框架，并做出有针对性的分析。

（二）关系取向的分类

本书对案件材料的分类主要以当事人之间关系的亲疏和地位高低的差异为维度。首先将关系分为两个大类：疏远和亲近。再根据当事人之间是否存在地位上的差别分为有差别地位和相对平等地位两个类别，构成以下四象限图示：陌生人、单位与成员、邻里关系和家庭成员关系。下面是分类的示意图（见图2—1）。

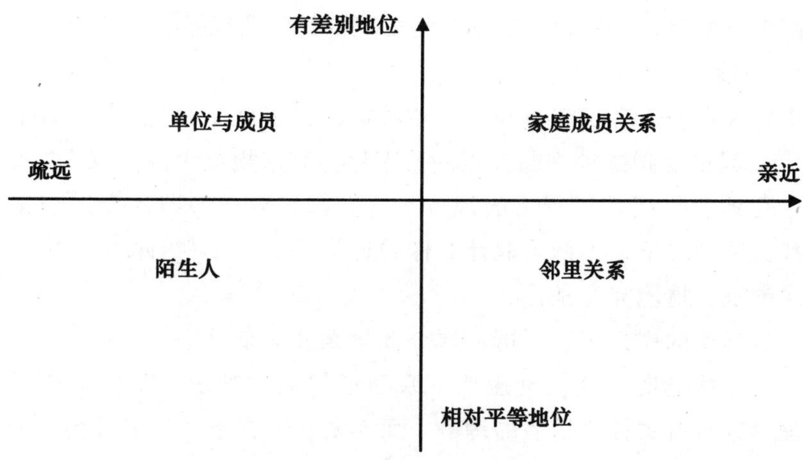

图2—1　关系取向的分类

其中需要补充说明的是，以下讨论将主要依据亲疏关系对案件进行分类，但并不只单纯含有亲疏关系的横向维度，单位与成员、家庭成员关系中父母与子女之间存在地位上的不平等而产生的纵向关系，在本书的具体分析中也会涉及，并且它和横向的亲疏关系之间的交互作用与比较也将被讨论。

三 本书使用的核心概念

（一）公正、衡平、情境、关系

下面的这4个概念是本书使用频率最高的分析性概念。

1. 公正

前已言明，本书所使用的公正是实践意义上的公正，即在具体的财产纠纷中，对于如何分配财产，当事人所认为的公正。公正规则，便是在有他人在场（法官、证人）的情况下，当事人公开宣称的权利或利益诉求所依据的理由，规则本身并没有价值倾向。

2. 衡平

衡平，衡平规则是最一般意义上的人们所认为的付出与收获之间的相当。本书所关心的衡平，不只是人们所要求的一种形式上的平衡感，而且要探讨人们所接受的这种“相当”的两端包括了哪些内容，以及衡平与其他两个重要规则——均等规则和需要规则之间的联系。

3. 情境

中国人在公正观研究中的一个核心词汇，那就是情境（context，situation）[①]。无论是把这种判断公正的秩序称为儒家规范中的“义”，还是认为“伦理地位”决定了行为的规范，它们都假定在中国社会这个义务本位的社会结构之下，人们采取什么样的行为是“对的”，取决于所处的情境。问题是，情境究竟是什么？

若从理论的视角来看，情境这个概念无疑复杂难解。“在讨论‘社会情境’这个概念时，我们会遭遇一系列理智上的难题。我们不得不考察相关理论家对有关社会情境的理解。而实质状况在于，许多社会行为理论家，都明显或隐含地把社会情境作为其理论体系的基本概念，但几乎没有人对之进行明确的界定”；[②]“这一概念在当代社会学文献中仍是一个没有

---

① Context和situation都常被译为“情境”，二者之间有着微妙的差别，后者更具有场面性，更具体，前者则更强调和行动有直接关系的方面，要抽象一些。参见《社会的构成》的译者，李康、李猛对情境方面的概念所做的解释（［美］吉登斯：《社会的构成》，李康、李猛译，生活·读书·新知三联书店1998年版，第531—532页）。同样，在本书讨论的层面上，区别这两个用词并不能使问题更为清晰化，因此毋宁就根据汉语的表达而将这二者看成是一个。

② 方文：《社会行动者》，中国社会科学出版社2002年版，第125页。

问题化的黑匣子"。[①]

在许烺光的"情境中心"概念中，情境这个概念似乎更有描述性。这里的"情境"，并不像心理学传统所认为的那样抽象，即认为社会情境是人与心理环境交互作用的结果构成社会行为的社会环境：生活空间，一个变动不居的动力场，是社会行为的动因。[②] 在符号互动者看来，社会情境是一种互动或交往过程，它可以小到两人面对面的互动，大到群体甚至整个社会组织。社会能动者与社会情境是共时存在的，没有一个预先存在的社会情境等待社会能动者去参与、界定。也不像吉登斯所谓的情境那样具有时间和空间的序列性，而充满符号性意义；也不似"情境定义"（the definition of the situation）——表示，任何自决行为之前，总有一个审视和考虑的阶段，事实上，不仅具体行为依赖情境定义，而且渐渐地一生的策略和个性都会遵循一系列这样的定义[③]——那样更强调主观方面。而只是描述了一种更为容易意会的文化特征，它由参与者构成，与参与者共时存在，但这个存在的情境却不是由参与者的主观意志决定的，它本身具有结构性的特征，已经被行动者之间的关系决定了。

本书所使用的这个概念，着重于它的两个方面：其一，情境是由个体之间的角色关系构筑的一个较为具体的场景类型；其二，情境意味着不确定性。

4. 关系

本书所使用的关系与情境是两个对偶概念，是两个当事人之间基于先赋或交往而建立的联系。在发生纠纷时，当事人之间这种联系并不因为纠纷的发生而发生改变，它是在纠纷发生之前已经存在的联系。不同角色之间的关系，都在关系的疏远—亲近这个连续的谱系上占据一定的位置。

（二）权利衡平与义务衡平

这两个核心概念皆与衡平规则相关。它们都表述了一种形式上的衡

① ［美］拉蒙、泰弗诺：《比较文化社会学的再思考：法国和美国的评价模式库》，中华书局2005年版，第9页。

② 参见许烺光《宗族、种姓、俱乐部》，华夏出版社1990年版。

③ ［美］托马斯：《不适应的少女——行为分析的案例和观点》，钱军等译，山东人民出版社1988年版，第37页。

平。二者的差别在于，在内容上，权利衡平的媒介是权利，义务衡平的媒介是义务。具体地说，就权利衡平而言，公正是当事人因为对财产享有权利，或因为某种理由而享有权利，就应该享有收益，比如，人们通常认为根据投资份额来分配收益的份额是公正的，现代法律制度是以权利为核心的话语系统，大多数的法律规定都符合权利衡平的规则。它包括两种情况，基本上符合诺齐克[①]的财产理论：一种情况是人们对某种利益分配的主张是因为最初就拥有权利，比如乡村分配的宅基地被征收时产生的补偿款；另一种情况是人们因为自己的投入而宣称权利，并因权利而主张利益，比如投资建房在征用时产生的补偿款。就义务衡平而言，当事人之所以认为享受某种利益是公正的，是因为自己已经承担了相应的义务，如果人们认为子女可以获得财产的继承权是因为子女承担了赡养老人的义务，那么就是赞同义务衡平的规则。

（三）多元与支配

本书提出的多元主义，不只是相对一元论而言。人们在公正规则的选择上存在多种可能性，而且本书强调，多元公正中的不同规则在一定的领域中占有主导性、垄断性地位，它对应于功能分化的社会结构和多元主义的政治制度，财产的分配在竞争、合作、情感照顾的不同目的、不同领域之中存在稳定的公正规则。支配性则与此相对，它说明在不同的关系情境中，也在不同的领域（从其他角度对关系的分类）中具有某个支配性的规则，这个规则在无论何种情境下都会被优先考虑。

（四）亲缘拟制

这个概念是本书用于分析和解释邻里关系时所使用的概念，并能够扩展到其他的关系中去。这个概念首先来自对中国传统血缘与地缘之间的关联的假设与讨论。在我们当今的日常习惯中，地缘对血缘的拟制而形成的行动逻辑也广泛存在，这种逻辑能够解释邻里关系中的公正规则选择。

在探讨中国人关系性质与互动结构的研究中，常常聚焦于对血缘和地

---

① 参见［美］诺齐克《无政府、国家与乌托邦》，何怀宏等译，中国社会科学出版社 1991 年版。

缘的关注。“血缘的意思是任何人的权利和义务根据亲属关系来决定”，而地缘则是“没有血缘关系的人能结成一个地方社群”。[①] 费孝通认为，血缘和地缘分别是传统的身份社会和理性的契约社会的代表，在他看来，中国传统的乡村社会以血缘为社会结构的基础，“血缘和地缘的合一是社区的原始状态”。“在稳定的社会中，地缘不过是血缘的投影，不分离的”。[②] 亲缘拟制的概念首先是在这个“投影”的意义上表明地缘与血缘之间的关联。但并不限于此。亲缘拟制还是一种行事的逻辑，要解释这种逻辑就要从“法律拟制”这个制度着手。

1. 法律拟制

“拟制”一词来自法律术语。英文是 fiction，也就是说，它本身就是虚构、不实、假设之意，是对事实的虚构。

在现代民法中，拟制常见于对亲属的界定。“亲属：指人们基于婚姻、血缘和法律拟制而形成的社会关系。”[③] 这种“拟制”出来的亲属，主要来自收养关系，借此，在家庭财产分配中，养子具有与亲子相同的法律地位，即相同的权利和义务。这一假定，使一个法律上的关系确定下来，但这恰与特别研究这个词汇的梅因[④]所讨论的在英国司法审判中“法律拟制”的机制相反，因为梅因所描述的正是在规则的更迭过程中那个不确定的状态，法律拟制不过是一个“权宜之计”：在没有新的立法的情况下，使已有的规则适用已经发生了变化的社会生活，规则在名义上没有发生改变，但在实际的适用中已经发生了一些变化。这也是尊重习惯的普通法传统的一部分遗产。实际上，出现在早期法律适用中的法律拟制，直译为虚假一词也并不过分。也就是在原有的法律下面，“偷偷摸摸”地改动规则，又不破坏原有的规定。结果是让人们不知道怎样做是恰当的，因此法律拟制带来了不确定性。

2. 亲缘拟制

我所称的“亲缘拟制”，其意义与梅因所谓的法律拟制颇为相似，不

---

① 费孝通：《乡土中国　生育制度》，北京大学出版社 1998 年版，第 69 页。

② 同上书，第 70 页。

③ 可参见任何一本民法总论或亲属法的著作，比如，史尚宽：《民法总论》，中国政法大学出版社 2000 年版。

④ 参见［英］梅因《古代法》，沈景一译，商务印书馆 1959 年版。

同的是，梅因的法律拟制专门指称的是英国历史上司法审判中被使用的技术[①]，而亲缘拟制则是在传统社会的变迁过程中，在角色关系的模糊地带，为适用新的规则所普通使用的并有理由宣称其为正当的逻辑。

人们在传统社会中，将不同于血缘关系的地缘通过拟制纳入类似血缘关系的体系中，通过拟制使新的关系套用旧的规则。但是，与所有发生变迁的社会一样，社会发展的动力会使新的规则更具有竞争力，结果就是，拟制关系中的人就将面临规则适用的选择。最后产生的结果是，旧的规则并不能马上退出，人们将在每一个具体事件中对这些规则进行衡量和选择，直到旧有的关系被重新认识并区分。

亲邻先买的习惯做法中给地邻以房地不动产的优先购买权，就是一个血缘拟制的过程。因地缘关系，人们形成了一个可以以亲属之名相互称呼

① 在梅因看来，法律拟制得以可能的一个社会条件是，在“进步社会”中，“社会的需要和社会的意见常常是或多或少走在‘法律’的前面的”。因为法律是稳定的，但生活是变化的，或者说是进步的。“关于使‘法律’和社会生活相协调的媒介，有一个有些价值的一般命题可以提出。据我看来，这些手段有三，即‘法律拟制’‘衡平’和‘立法’。”“‘拟制’（fiction）在旧罗马法中，恰当地讲，是一个辩诉的名词，表示原告一方的虚伪证言是不准被告反驳的；例如原告实际上是一个外国人而提出他是一个罗马公民的证言是（原文如此）。这种‘拟制’的目的，当然是为了给予审判权，因此，他们与英国后座法院和理财法院命令状中的主张非常类似，这些法院就是通过这些主张来剥夺普通诉讼的审判权的；——主张被告已为国王执行官所拘留，或是主张原告为国王的债务人，并以被告的拖欠为理由而不能清偿债务。”（［英］梅因：《古代法》，沈景一译，商务印书馆 1959 年版，第 14—16 页。）梅因用“法律拟制”“是要用以表示掩盖，或目的在掩盖一条法律规定已经发生变化这一事实的任何假定，其实法律的文字并没有被改变，但其运用则已发生了变化。”（［英］梅因：《古代法》，沈景一译，商务印书馆 1959 年版，第 16 页。）并且，他认为，法律拟制是一定时代特有的一种“粗糙”的方式。“法律拟制是均称分类的最大的障碍。法律拟制制度仍旧保持原样，原封不动，但它已只成为一个躯壳。它已经早被破坏了，而藏在其外衣里面的则是新的规定。于是，困难就立刻发生了，我们将很难断定，实际上可以适用的规定究竟应该归类于其真正的还是归类于其表面的地位，同时，秉性不同的人在不同的部门中进行选择时，也将得到不同的结果。”（［英］梅因：《古代法》，沈景一译，商务印书馆 1959 年版，第 16—17 页。）比如，教士特权的拟制运用。在 1066 年之后的英国，诺曼人采用严酷的刑罚来对付本地人反抗，英格兰教会经过与英国国王的长期斗争，赢得教士拥有在其犯罪后不受世俗法院审判而是由教会法院审判的权利，因而不会被判处死刑；教士特权的拟制就是通过将世俗人士拟制为教士，以使其得到在教会法院受审的机会（李红海：《普通法的历史解读——从梅特兰开始》，清华大学出版社 2003 年版，第 274 页）。这种拟制的结果是，虽然刑罚的适用情况得到缓解，但是世俗法中的刑罚规则并没有改变。这也是为什么梅因把法律拟制作为规则变迁的障碍。我们可以发现，在英国普通法中，拟制得以形成的条件，最为重要的是一个轻实体重程序的法律背景和某种社会发展趋势所带来的动力。

的“亲人”团体，因为邻人之间的往来、交流产生了情分，如果在出卖地产的时候不相互通禀也是不合乎情理的。这也是为什么以血缘为基础的乡土社会，会以地缘的方式结成地方共同体，实现一个地方性整合的内在机制。也是为什么在没有明显宗族存在的地方也大有可能形成“家族”式的地方自治，因此，并不能用没有家族化的地方政治来证明“皇权下县”。

总之，亲缘拟制是想要说明在邻里关系中，由于日常的交往而形成较为亲密的关系，相互之间便有了一种类似亲缘关系的角色期待借以维持旧的规则。但在产生利益竞争的时候，人们对拟制关系下所要遵守的规则并非全盘否定，甚至还是合法化自己行为的理由，但在行动上选择的规则却已经发生了变化，遵循了新的规则，比如，从义务衡平转向权利衡平。

第三章

司法的日常生活化

从案件看人们的公正观念，所要面对的一个挑战会是，如何能够将在其中所得到的结论普遍化？人们可能认为，在“司法场域”之内，实践者都应该按照法律的运行逻辑行动，一切主张及其理由都应该是法律的技术化策略上的表达，那么人们以法律作为合法化的理由，无非是遵循了这一逻辑，也就无法认为是自愿地选择了法定原则。

我对此的回应是，首先，我赞成布迪厄关于实践的观点，行动者面对实践的紧迫性，其行为不是遵行计划的逻辑，而是遵行实践的逻辑。并且，如果按照滋贺秀三对中国传统司法性质的判断，处理案件的性质是一种“教谕式调停”①，并不具备西方“审判”的性质，那么法律在传统上就不是法庭上唯一遵循的准则。不过确实如此，现在的法庭活动与传统中国的司法活动已有很大的不同。但在我看来，更为重要的是，通过以下的描述与讨论，我们会发现，司法空间已经被制度性地日常化了，法律在其私法的意义上并没有足够的权威以支配法庭上所有的行动者，要求他们都严格按照法律规则程式化地行事。当前状态下，人们也没有足够的知识使它成为法庭中唯一的行动逻辑。司法活动呈现日常化的特征，它在最大限度上抵消了裁判性法庭可能存在的特殊性，这也是当代审判实践的一个重要特征。另外，司法在形式上是最后获得救济的途径——尽管存在可能更为高效的救济方式——人们将尽最大的可能说明理由而不惮于冲突，因此更可能将虽感不平而忍耐的情绪表达出来，可以说更真实地反映了日常生活中对公正的态度。

---

① ［日］滋贺秀三：《中国法文化的考察——以诉讼的形态为素材》，载王亚新、梁治平《明清时期的民事审判与民间契约》，法律出版社 1998 年版，第 21 页。

一　空间与时间

法庭的空间与时间构成了法官主导的司法活动的场所。我们无法一一列举所有法院审判庭的空间布局，好在任何一个国家法庭的布局都具有格式性，中国的法庭也不例外。但限于物质条件，当前中国大部分的基层法院，还不足以提供成规模的审判庭，法庭的空间大小、审判台、座椅、电脑等设备还不足以达到标准化、现代化的要求。而同时制约着审判效率的时间，对于当事人却有着另一番意义。

（一）法庭空间

2003 年暑期和 2004 年 4 月到 8 月，我到过 3 个省份的 3 个城市收集资料。本书所用的案例，大部分就是在其中的两个城市收集的。包括其中 Y 市的两个市辖区的初级法院和中级法院，Z 市的一个市辖区的初级法院。①

法院的建筑规模和“办公”条件，往往与当地的经济、政治有着必然的联系。与这两个城市相比，另外一个城市 X 市的县法院，其条件就要简陋得多。当然在不同级别的法院之间，也像不同级别的政府机构一样，有着相应的差别，此理相通。

我所到的这几个法院，它们所在的地区经济发展水平都尚属一般。其中 Z 市的这个初级法院比较典型。它地处城乡结合位置，辖区之中的很大一部分是老工业区。其中的国棉纺织厂曾经盛极一时，接待过国家领导人的考察访问。但现在这几个分厂，有的已不存在，有的则经改制几易其手，产权性质已经发生了改变，有许多至今未能解决的遗留问题。大片的职工住宅区，以及这些社区中居住着的老老少少，仍然与这些工厂有着千丝万缕的联系。这构成了该法院辖区的很大一部分。另一个主要部分则是正在从农村变成城市的西部地区。这些地区的农民已经没有土地，他们中的年轻人多半在外打工，也有的执家庭手工业，比如在 2—13 张云生诉张国珍案中，当事人张国珍就以开办加工面粉的作坊为生；一些有

① 根据一般惯例，文中涉及的地名、人名、单位名称等信息均为虚构，如有雷同系属巧合。

能力的老人，则出租自己的房屋作厂房，以收取租金为生。例如在2—11廖立旺诉国棉七厂案中，当事人廖立旺就是将房屋出租给国棉七厂。这类地区在行政上隶属于该市的新生镇，司法事务则由区法院在这里的派出法庭管辖。

从法院级别的称谓上已经可以发现，法院的编制是极为行政化的，日常运转也都由本地的地方财政支持。它们的办公条件、办公楼占地面积大小、楼层高矮、办公设备的档次等，甚至其建筑风格，都与地方的财力有关。多数中级以上法院的审判庭与处理行政事务的办公楼相分离，审判庭大楼前面有罗马柱为标志。而在一般的地方初级法院，经济条件好的地区除外，从建筑的外观来看，审判庭往往看不出与一般的行政机关办公楼有什么区别。我去过的这几个基层法院皆是如此。其中Y市的一个初级法院还和公安局、检察院同在一个院套里，共用一个大门。

Z市这个区法院的主要办公区就是一幢占地约1000平方米的5层办公楼，它的派出法庭距离法院约半个小时的车程。法院建在路边，正门朝南，从正门进入，迎面是普通的扶廊楼梯。楼梯东侧的房间是5个审判庭，分两边排列，南边3间，分别为第三、第五、第七审判庭，是比较常用的民事审判庭。北边两间，分别是第四、第六审判庭，不经常使用。这些审判庭的面积都很小，有12—13平方米。以我常去的靠南的审判庭为例，其中的格局大致如此：法官的位置在窗口一侧，审判台的右手边是书记员的位置，那里有一台用于当庭记录的电脑。[①] 原告、被告的座席在法官前方的两侧，由于空间局促，原告、被告之间的距离不超过2米，谁坐在哪一边并没有特殊的规定。在这样的法庭中，其实并没有设置旁听的席位，一旦有人旁听则坐在原告或被告席的尾部，中间要留有一定距离，甚至有些时候，并没有空余的座椅留给旁听人员使用，旁听人员则可自行搬来椅或凳，放在靠门的位置。房间内可容纳的人数一般不能超过10人。具体的空间布局可见图3—1。

---

① 书记员和电脑的位置在不同的法庭会有一些变化。有的法庭，法官的位置会高出地面20—30厘米，书记员就坐在法官的正前方。这一般都是空间较大的法庭所采用的格局。其中，旁听席在法官席的对面，原告、被告分坐书记员前方的两边。

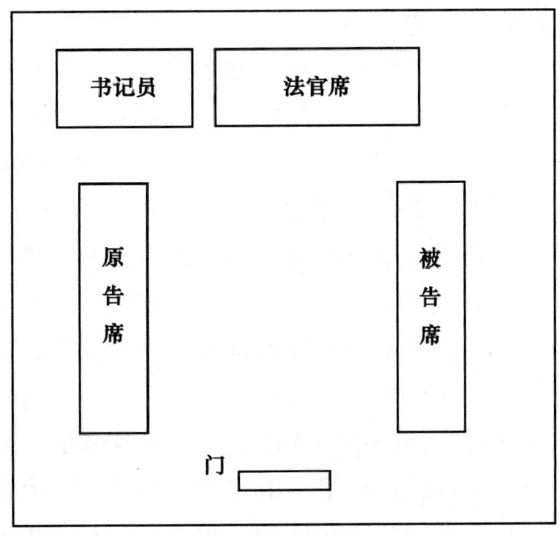

图 3—1　法庭空间的布局

一层西侧的房间主要是民二庭法官的办公室。二层是法院中高层领导的办公室，包括院长、5 个副院长，每人一间，以及审判监督庭庭长和副庭长的办公室。还有差不多所有事业单位都设的“办公室”机构也在这里。三层正向面对楼梯的大办公室是政治处，它负责管理全院的政治教育、宣传，以及法官的晋级和司法行政人员的晋升与罢免。其他房间则主要是审判刑事案件的法官的办公室和一个相当于秘书处与科研合一的“研究室”。四层则主要是民事和行政庭法官的办公室。五层是一些技术和外设部门的办公地，比如由研究室负责的机房和复印室，另外还有一间审理民事案件法官的办公室。根据室内面积的大小，至少有两名法官共享，最大的办公室则由 4—5 名法官共用。这类办公室属于真正的“业务”——法官用语，即真正参与审判的法官所在——部门的办公地点，处理案件的主要场所。各庭的庭长在空间使用方面与普通法官们的待遇并没有实质性的差别。

在主办公楼的后院，还有一栋与主楼平行的办公楼，那里是能进行集体诉讼并能容纳几十人旁听的第一、第二审判庭和几个刑事、行政案件审判庭的所在。这些审判庭占据顶层，也就是二层；一层则主要是一个能容纳 300 人左右的礼堂。罕有的大规模的审判在那里进行，更多的时候则用于举办各种文娱活动和集体学习。例如，庆祝七一的文艺表演和观看有关规范化诉讼程序庭审录像等活动。

要特别说明的是，有许多民事案件并不在这些审判庭审理，而是在法官的办公室进行。我在其他基层法院也经历过法官在办公室审理案件的情景。在审判庭审理的案件，多半是经济类案件，或者是涉及的事实尚未认定而需要出示较多证据的案件。当然，在法官办公室处理的大都是严格意义上的民事案件，特别是有关家庭的离婚、抚养、继承等。案件在办公室里“审判”的时候，法官和书记员以及双方当事人所处的位置关系与在法庭中的格局是一致的。只不过，没有审判台将双方当事人隔开，法官不得不因为要坐在办公桌前而侧向双方当事人，不像在审判庭，法官的座椅要高于当事人，在这样的办公室中座位上几乎没有高低之差。这时，法官和双方当事人在身体方面就构成了一个较为平等的三方关系；案件的审理就会被诠释成较为日常性的解决纠纷的“办公”；法官更会根据案件的需要而力求调解解决纠纷。在调解和劝说之中，法官则理所当然地使用地方话，包括各种俗语，语气也更为丰富。

但是是否利用这样一种更为有利于运用调解技术的审判条件，则会根据法官个人的习惯和风格而有所差别。Z 市的这个区法院的田法官就坚持根据当事人的意愿决定是否调解，从不试图说服，我也没有见过他在办公室里“开庭”。当然，这样的法官并不多见。

因此，审理民事案件的场所多为法官的办公室和小型的审判庭。办公室、小型法庭到大型法庭，与审理的正式程度、法官对法庭秩序的重视、对法官技术水平的要求都是呈正相关关系的。但与案件本身的复杂性并没有直接的联系，有时也会因为审判庭安排不开而不得不在办公室开庭。这样的格局对于法官与双方当事人以及当事人之间的交流是非常有利的，甚至其他与当事人有关的知情者也能够在法官不时地制止中插话进来，就像在 4—12 刘爱娇诉刘新生案中，在原告一方旁听的刘爱娇的弟媳，因为座椅不够，她几乎就坐在刘爱娇的身边，这为她随意发言带来极大的便利，法官不得不一次又一次地提醒、喝止。不过，在我所访谈的 15 位法官中，没有一位使用过庭上的强制执行措施①。这给人的一种印象是法庭就是

① 根据《中华人民共和国民事诉讼法》第一百零一条的规定，对违反法庭规则的人，可以予以训诫、责令退出法庭或者予以罚款、拘留；对哄闹、冲击法庭，侮辱、诽谤、威胁、殴打审判人员，严重扰乱法庭秩序的人，依法追究刑事责任。

“说理的地方”“解决问题的地方”，与“大队”或者“乡政府”并没有什么区别，尽管在制度安排上并不如此。

（二）时间：当庭宣判

《中华人民共和国民事诉讼法》规定，民事案件普通程序的正常审理期限是6个月，在特殊情况下还可以延长；同时也对当庭宣判赋予法律效力。不过，虽然在法律上可以进行当庭宣判，但在实践中，很少有法官会使用这一程序，即使是在法官们在开庭前已经做好充分的准备工作，判决书已经大致拟就的情况下，这种最有效率的做法也几乎不被采用。一位孙姓法官给出了自己的看法：

> 不当庭宣判，是因为审判长负责制，有些案件，有必要在庭后合议。其实，当庭宣判有很多好处，有利于送达。但有的会激化矛盾，时间有限，也会牵扯财产、抚养、分割的问题。

另一位田法官则直截了当地说：

> 效率的事情，你审得太快不行，太慢也不行。

有一些案件在开庭前就已经合议，特别是那种已经开庭多次的案件。所以，在技术上，在最后一次开庭后当庭宣判往往并不是难题。可能避免激化矛盾才是最主要的原因。同时，当庭宣判会让当事人认为法官们没有认真对待他的案件，是法官不公的表现；另外，输的一方也会觉得面子上过不去，2—13张云生诉张国珍案中的张国珍便是如此，他被当庭宣判以后，很快就提出上诉，并认为法庭不公。

这个案件中的张国珍和张云生是邻居，张国珍在东，张云生在西。张云生的南面门口，原是一个五保户的宅基地。1998年，村民组调地，张国珍用别处的粪场地与五保户调换，获得该地的使用权，并且与村里约定，不得在这块地上建造永久性的“建筑物”。当时，原告、被告就曾为这块地的使用权发生过争执。1999年12月，经村民委员会调解，由张云生使用4米，4米外的15米归张国珍使用。不久以后，张国珍在此地上建了厕所、围墙，并在围墙里种了东西。张云生认为，这些“建筑物”

违反了当年的约定，污染了门前的空气，并且妨碍他和家人的通行，就将张国珍告上了法庭。同时，张国珍提出反诉，说张云生家的厕所就在自己的门口，并且厕所围墙倒塌，严重影响其生活。

法庭进行审理以后，根据当年的约定，支持了原告张云生，并且当庭宣判。凑巧的是，某电视台想要做一个有关法庭审判的节目，跟踪记录了整个开庭的过程，并在报纸上讲述了这场官司。这样一来，“全市都知道我输了”，张国珍在递上诉状的时候说。张国珍是以加工面粉为生的农民，“全市”当然没有多少人认识他，他所在意的是同村的街坊邻居都知道他输了官司，脸上难看。当问到他认为法官是否公正的时候，他说：

> 不公正。（为什么？）因为他们当庭就宣判了，也没有研究研究。

这种对审判时间的要求，大概并不在制定《民事诉讼法》时的考虑之内，而成了一种“未意图结果”。其中所表达的对审判正当性的要求，是程序性的。对结果的关心，也并不是出于获得利益的考虑，而是脸面问题，这也偏离了一般的经济理性人的假设。

因此，法官的判决不可能太快，这必然会对审判的效率带来负面的影响，中国法官的平均效率比起欧美的审判确实不高①。以往，一般从两个方面提供解释：一方面从法官的专业性、职业化程度不高着眼；另一方面从制度设计上考虑，比如中国的司法审判缺乏西方法庭审判中的前置程序，等等。但这个案件却说明，从当事人一方来看，人们不大能接受太快做出的判决。人们对时间的这种要求，使民事审判期间的规定具有了合理性，但并不能确定这两者谁为因，谁是果。

---

① 就制度而言，中国民事案件的法官对一宗民事案件要求一揽子承担，即案件从立案庭进入审判阶段以后，一般由庭长将案件根据各个法官的手头工作的进度和工作量的要求分配到法官手中，自此，法官对该案件就要从头到尾地负责，包括庭前调查、审判、判决书的制作。法官也有助手，他们多承担该案件的书记员工作。助手分为两种情况：一种情况是有晋升法官的正式编制，另一种情况是有的法院，则根据市区的财政政策，从限制支出的方面考虑，而聘任临时性的合同工，他们多半并不占用法院的正式编制，工资低而且固定。有趣的现象是，前一种“助手”具有正式法院成员的身份，但在工作的强度上往往没有非正式成员的工作强度大，就人数来说，在实行合同制的法院中，他们人均服务的法官人数要更多。但无论是哪种助手，案件处理的质量，包括判决书调解书上的错别字，都要由经手法官一人负责。

无论如何，法官对案件的处理都不会似“售货机”那样快速运行，这为人们能够在法庭上充分地展现各种法律之外的意见提供了客观条件。也使我们有机会能清楚地看到他们的真实想法其中所包含的公正观念。

二　法官的公正观

认为法庭活动具备日常生活的特征，还有一个重要的根据是法官对司法裁决以及何谓公正的看法。通过对 15 位法官的访谈，以及旁听正式或非正式的开庭，能够得出法官实际上对于审判案件的一些态度、原则和对于公正的界定。

大部分法官把维持社会稳定作为一种功能性的潜在目的，而把“依法审判”作为公正审判的最基本原则——不办错案[①]，在此前提下，公正被看作是法律与情理的结合。但同时，我也发现，法官们对于情理的理解是不同的，因此，对情理与法律之间的关系的认识也就不同。

（一）情、理、法

法官们都认为，情与其他两者不同，但，理与法之间是什么关系，则有不同的看法。他们也并没有明确指出二者之间完全一致或者有冲突，而只是当被问到“你认为情、理、法之间有怎样的关系”的时候，回答中有着不同的侧重点，体现着他们对这些词本身不同的理解。下面是对这一问题做出正面回答的 8 种意见。

（1）不能只讲法，还必须讲情，用情感动人，理与证据一致，理与法没有太大的区别。理包括了法和道德。

（2）首先是法律，其次是人情（就是关系），但违反原则的事情是不能做的，别人说情是能够照顾就照顾，合理与合法在 99% 的情况下是一致的，但合理是站在哪个角度上讲，不同的人有不同的标

① 这一点是对职业的要求，并且具有制度上的制约，这就是针对法官，防止出现司法腐败的“错案追究制”。当然，利弊皆有，并且其最大的弊端在于法官将处于一个难堪的境地之中，一方面是司法的不独立，另一方面是在法官受到外在因素干扰时，又将独自承担其后果。参见贺卫方《司法的理念与制度》，中国政法大学出版社 1998 年版，第 139—151 页。

准；城市不明显，在农村，应该把天理、道理、公道与法律结合起来，要不然当事人不服。比如，解除父子关系通过基层村委会达成的，在民间就不管，对民间调解的权威性就不太好了。在农村，民调还起到一些作用，但在城市居委会也不太起作用了。

（3）有冲突。一般公民的角度与法律一致。农村是不是都一样，如果只是特殊情况，就没道理。人民陪审员主要起到这样的作用。

（4）有人情案，但大部分法官还是得从法律出发，即使有人情也要遵守法律。调解中可能人情的作用比较大。在判决中，人情很少起作用，法律的规定比较完善，对审判员的约束措施比较完善。一个人做出判决的时候比较少，以前合议庭存在形式主义，近3—4年以来，这种情况越来越少。

（5）院长、领导也有交代的案件，在法律允许的情况下，依法办案。

（6）法律与道德是一致的。有些道德可能上升成为法律，也可能不能成为法律。法律是符合道德的，但是道德不一定符合法律。

（7）法律有时候是不讲理的，情与法之间有冲突，应该权利、义务对应，但社会保障体系不健全的情况下，要不判就没法活了。主要考虑的是社会效果的问题……

（8）情理，法理，案件中总有那么一些冲突。所以现在重视调解。胜败皆服是很难的事情。女同志容易感情用事，容易同情一些我认为的弱者。在办案中会跟同志产生分歧，情理和法理会有冲突，情感的干扰会影响办案。往往在法律上注重证据。

其中，只有意见（1）提到法和理（道德、道理）是一致的；意见（2）、（3）、（6）则认为法与理大部分是一致的，但也存在冲突；意见（7）和（8）则只提到了冲突；意见（4）和（5）则只提到了法律和（人）情，并没有谈到“理”。

虽然他们都认为“情”在三者之中最具异质性，但对“情”的理解也不尽相同。其中，意见（1）、（8）明确说出，“情”就是感情，但前者强调的是利用感情感动他人来解决问题，后者却强调应该避免感情用事干扰进行中立的裁判。其他意见，则把“情”理解成“人情（关系）”甚至理解成为上级领导施加下来的压力，是与依法审判之间的障碍，我称为“司法审判的外部性”。

所有这些对情与理的理解，恐怕与滋贺秀三讨论的清代审判的情、理，有着不小的差别。在他那里，情、理都可以作为司法裁判的渊源，其本质上与法有着内部的一致性。[①] 而现在的法官，则几乎把“情”当作一种有时不得不考虑的法外因素，因而是可能带来压力的依法审判的障碍。“理”则几乎完全被与道德、常理等同，完全不具有“天理”[②] 的神圣性。就这样的现实来说，对“是否依法审判”这个问题的争论[③]就永远地成了一个纯粹的历史、学理问题。

无论对这三者的认识有怎样的分歧，至少在法官们看来，司法审判活动是一个综合性的活动，会考虑各个方面的因素。这无疑是一种互动的结果。法律虽然是最根本的坚守的原则，但法官们的态度已经为法庭的开放性、当事人之间以及当事人和法官之间的充分沟通创造了条件。

（二）法官如何看待公正

法官所定义的公正，会影响他们如何主导司法审判的程序、在法律允许范围内裁量，影响他们对案件当事人的看法与态度。他们对“公正”的看法与前一个问题紧密相关，做出正面回答的，则有以下几种意见。

(1) 公正就是公正、公平的态度，根据证据说话，不偏袒任何一方，应该具体问题具体分析，但一定要有遵循的原则。

(2) 合法原则。其次，公正、稳定不出事（就是当事人不大吵大闹），不同的案件有不同的考虑，比如离婚案件以不出事为主。稳定的原则，稳定是第一位的，稳定与公正不一定是矛盾。

(3)（我理想中的法官）宋鱼水，马锡五。

(4) 公正是相对的。在中国社会下不存在绝对的公正，但天理、人伦这些基本的公正是存在的，依法裁判就中（行）。坚持原则会带来不利，这样就会不坚持原则，这是一个制度问题。

---

① 参见［日］滋贺秀三《清代诉讼制度之民事法源的概括性考察——情、理、法》，载王亚新、梁治平《明清时期的民事审判与民间契约》，法律出版社 1998 年版。

② 参见汪晖《天理之成立》，载刘东《中国学术》（第三辑），商务印书馆 2000 年版。

③ 参见［美］黄宗智《清代的法律、社会与文化：民法的表达与实践》，上海书店出版社 2001 年版。

(5) 程序公正必须做到。实体公正，审判员的素质，道德评价标准不同，实体公正可能不同。可以征询其他人的意见，大多数情况下，多数人的意见应该比较正确，实体公正是相对的。

(6) 首先保证本人不能违法办案，这是个人责任。其次，作为老法官不能违背良心，要对得起良心。要是违法办案，得利人也会说法官不是个好法官，没有良心。

(7) 公正并不取决于是什么制度，而是你认为是公正的它就是公正的，总要有一个最终解决问题的手段、方法或者机关，到了这就是到了头了，这样的话才能树立公正。是因为国家把最后的权力给了你了。但在咱们这，就不行，因为很多诉讼以外的因素都能左右你，案件你说了不算，人家上访，或者人大，人家“啪”给你踢出来。公正是一种制度上的认同，制度上认可了，才能有公正，在于制度的最终授权，是一个整个政治制度设计，民主是一个过程保证结果的正当化。程序公正为主要的公正，实体的公正是达不到的，程序公正为可视的，可以参与进来，你参与进来又有什么话可说呢？公正是一种公正的感觉。公正对当事人来说是一种感觉，对法官来说，是一种制度结果。

(8)（我也）在探索中。开始的时候主观感情影响比较大。看到有些人很“可怜”。希望能给他们最大的帮助，后来发现不能光靠这些，要正确地引导，不只是让他们哭诉，要让他们学会用法律保护自己，理性慢慢占据“中立”的位置，以法服人。

法官们对公正的看法颇为多样。总结起来，有这样几种情况：(1) 和 (8) 把公正看作是一种不偏不倚、理性看待问题的中立状态；(2)、(3)、(4)、(5)、(6) 则都提到公正就是依法，这与前一种回答没有本质上的区别，同时，他们提到了社会效果的问题，即以稳定为目的，以及良心和天理，它们与依法审判并不冲突；(4) 是唯一将程序公正与实体公正分开来看待的，并且认为程序公正的标准一致，很好把握，同时与 (3) 一样，认为（实体）公正是相对的；有两个回答，(3) 和 (7) 提到了制度与公正之间的关联，并且 (7) 还区分了当事人的公正和法官的公正，前者是一种感觉，后者是制度性结果，而且试图进一步给出解释。

这些回答几乎都同意公正就是依法审判，同时，又与对情、理的观点相联系地把它看作是一种综合考虑得到的不同的相对性结果。而差异性的看法则来自不同角度。其中（7）这段话颇具学理性的反思，在规范的层面上，是对当前制度的一种批评意见。有趣的是，它似乎同时为前面这种公正作为相对性结果提出不满与解释，即在实践中法院的审判并不是最终的救济方式，因此，不能获得唯一的公正只能是现行制度的结果。

至于当事人所抱怨的不公正，其中的一位法官的解释是——也是法官中的一个主流观点——“当事人不懂法，欠缺法律知识；自由裁量方面，对法官的不知道不了解；在案件中也许真的存在裁量不公。”①

如果作为仲裁者，把公正看作是因个案不同而得到的相对结果，在审判中还会顾及“人情”，同时又认为当事人是法律知识不足的，那么可以想象的，法庭不可能是绝对按照统一标准生产判决书的场所，必然发生着暴露出各种意见冲突的、内容丰富的故事。

（三）审判与调解

法庭对案件的处理，可以通过判决书结案，也可以通过调解书结案。二者程序上的差别在于，当事人在审级制度的范围内，对前者可以无条件地上诉；而对调解书中的实质性结果不能够提起上诉。所以，如果不满足法律规定的程序性的上诉条件，调解书则具有终审判决的效力，当事人不可能采取其他的救济方式，除非通过司法以外的政治化手段，比如上访。对法官而言，判决的主动权在自己手中，对于结束一次性的审判来说，效率很高；但对于解决一场纠纷来说，调解虽然可能要花费更多的时间和精力在当事人中间斡旋，但当事人一旦达成和解，就意味着不能上诉，案件终结，整体比较起来效率不一定低。再加上调解可以不去考虑当前的法律事实，当事人之间可能做出尺度很大的让步而不必去管在法律上是否适当，只要双方自愿就可，那么，对于最后的结果也算是“心悦诚服”，算

---

① 但是持（5）这个意见的审判监督庭的老法官，则认为：“让当事人把苦说干倒干。即使是没理的人也能说通，当事人都是明理的，就怕审判员不把对的也不说对，错的也不说错。能够理解当事人不断上告，就是他们没有地方申冤，他们大部分是明理的，老百姓大多数是善良的，没事找政府干吗呀？就是要申他们的冤。”审监庭的一项重要职责，就是执行“错案追究制”，通常把担当这一职责的法官称为“法官的法官”，专门监督法官的审判工作，所以有这样的观点也就不足为奇。同时，把法院等同于政府的说法，颇值得回味。

是彻底平息了纠纷。泰勒则把此解释为程序正义的实现。[1] 有不少学者从各个方面来研究中国的调解，他们或者把它当作透视中国社会结构的工具，或者当作政治运作的方式与手段，或者纯粹地对其进行制度性的考察。黄宗智等人曾把中国的审判和调解划分了若干个类型，说明在审判和调解之间，在很多时候是边界模糊的。当前的情况也并不例外。比如，有些时候，法官为了提高结案率就会督促当事人调解，告知不接受调解意见的一方，就算不接受也会如此判决；而有时候，做出的判决书就是调解的结果。

法庭空间、时间，调解的运用，以及调解和判决之间的模糊性，这些因素都促成了司法的日常生活化。

三　司法的日常生活化

所谓的司法日常生活化，就是相对于严格程式化的司法程序而言，法官与当事人双方都以更为符合日常生活的交谈、行动的观念、策略、方式，参与、进行司法活动。

如 3—15 齐世明等诉大雁村案是法律程序进行得颇为烦琐的案件。[2] 此案向我们讲述了这样一个故事：9 位农民创办了煤矿企业，因为企业生产及产品的性质（开发国有资源），不得不特别依赖村委会的“服务”而与村委会“合作”[3]。其后创办煤厂的 9 位农民逐渐由所有者的身份转变为“承包人”“煤厂负责人”“原煤厂的管理人员”（法院的判决书中的叙述标明了这种转变）。由于移民补偿款归属问题，9 位村民与村民委员会之间展开了历时 3 年之久的“斗争”。

因为国家水利工程占地，煤厂成为获得补偿款的来源。水利工程部门将补偿款发放至村委会后，9 位创办人认为煤厂主要投资者应该获得补偿

---

① Tom R. Tyler, *Why People Obey the Law*, New Haven: Yale University Press, 1990, p. 23.

② 张静曾对这个案件进行了细致地分析，目的是讨论在公私投入有别的情况下，法院解决纠纷而形成的权利宣称与利益分配的二元格局，参见张静《二元整合秩序：一个财产纠纷案的分析》，《社会学研究》2005 年第 3 期。

③ 这正是经济学家所称的乡镇企业或红帽企业因地方合作而可能获得优势的一面，但在此案例中体现的正是地方政府合作主义可能因为违背一方合作者的意志改变企业性质而产生纠纷的另一面。

款的主要部分，根据“谁投资谁收益”原则，他们应该是补偿款的真正所有者。他们首先向中级法院对县移民局、镇政府提起行政不作为的诉讼，认为“两被告利用手中职权，欺上瞒下，包办代理，不向原告讲清具体补偿数额，其行为严重侵犯了原告的合法财产权”。要求被告拨付煤厂迁建费 50 万元，赔偿因被告不履行法定职责给原告造成的经济损失 190 万元。法院不久做出判决：限期被告行政机关对补偿争议做出处理，驳回原告 190 万元的诉讼请求。随后，两被告相继在判决规定的期限内做出了处理决定，其核心都是确定了煤厂的所有权性质——属村集体所有。

得到这个结果之后，9 位原告又到基层法院向村委会提起民事诉讼，请求法院“判令归还属原告所有的移民补偿款 35 万元”。理由仍是原、被告之间是合伙关系，本着“谁投资谁收益”的原则，移民补偿款应由原告所有。被告则回应说，煤厂是集体企业，属村集体所有，并且村委会也有投资。法院针对原告的诉讼请求做出了判决，行文中确认了煤厂由被告所有，原、被告之间是承包关系，判决“被告大雁村委会给付九原告移民补偿款 49900 元（从借支 6 万元中抵付）”。原告们不服，上诉到中级法院，经过法院的调解，9 位原告获得的移民补偿款是扣除各种共同消耗后余款的 50%，共 131690.75 元。案件终了。

张静教授曾经对此案件进行分析[①]，并提出了一个法律秩序得以整合的框架：权利宣称—利益分配。认为，公共投入与私人投入具有观念层面上的差别，前者在法院的框架下被以权利宣称的逻辑安排，后者则被按照利益分配的逻辑安排，纠纷是按照双重承认的方式来处理的。现在，我将在此基础上尝试使用另一种解释进路，特别注意纠纷解决在时间上的进程，并深化这一讨论，解释这种权利—利益“二元”模式的整合是如何可能的。在我看来，权利宣称和利益分配这两种秩序在案件进行的过程当中，已经开始分化成不同的场域：司法与日常，同时二者相互交织。张静的研究并没有讨论这种判决程序与调解程序在本质上的差别。

案件已经很清楚，解决移民补偿款归谁是纠纷的真正核心问题。把补偿款的争夺正式纳入法律程序的是以村委会为被告的两次民事诉讼。案件经过两个法院的处理，其结果的差别是非常明显的。首先在形式上，第一

① 参见张静《二元整合秩序：一个财产纠纷案的分析》，《社会学研究》2005 年第 3 期。

次为判决，第二次则为调解。其次在裁判的内容上，判决中9位原告获得的移民补偿款是49900元，调解获得的移民补偿款是131690.75元，而且在判决中没有提及给予齐世明（原告之一）房屋的补偿事宜，在调解书中一并做出决定，从移民补偿款中给付齐世明19328.00元。另外，值得注意的是一审的审期不足一个月，从第一次开庭到判决书下达只有2天（这极有可能会被败诉方认为是不公正的），而从上诉到调解书的签收，至少经历了4个半月。

民法中因投资而对某物享有所有权的法律意义在案件的最终解决中并没有直接体现，纠纷的最终解决是在投资和收益之间建立的直接联系，煤厂的所有权归谁，已经不重要。按照一般的法理，应该根据投资情况，更应该根据法律的确认来决定所有权，然后再根据所有权分配利益，即权利确认与利益分配应该是相对应的。如果投资作为所有权合法性的根据是双方所认同的原则，那么，投资—权利—利益，三者之间应协调一致。这既符合一般人的逻辑，一个普遍的公正，也符合法律的秩序。这个案件的特殊之处，如张静对此案件的分析得出的结论一样，在于“权利宣称”与“利益分配”之间出现了分离，并且分离的结果恰恰是社会秩序得以整合的同时，权利的符号意义又得以巩固，即所谓的“二元整合秩序”。

张静的研究为法律社会学中的案件分析提供了一个有用的分析框架——权利—利益的框架。其中内涵的二元“对立”绝不止于此，资产投入中的公—私之分，法律实现过程中的表述—实践之别，甚至隐藏在背后的国家—社会框架。看得出，本案的分析正是试图用二元性的话语来消解二元的对立以回答这样一个问题，在法律的现代性话语所构筑的空间（权利）与私人的真实要求（利益诉求）之间出现公正认同的冲突时，社会的秩序是如何可能的？权利与利益之间的分离甚至相悖与二者之间的妥协与整合表明了国家“法治进程”中的实践逻辑，其背后是司法过程对于公正观念分歧的技术化处理，甚至这种技术正有制度化的趋势。但张静的文章似乎过高估计了一审判决的效力和调解文书的“法律性”。纠纷一进入二审程序，一审的判决即归于无效；就“权利宣称”而言，也就归于无效。

调解之所以有终审判决的效力，恰恰在于它的“私人”性，或者说是“日常性”。调解必须是在自愿的基础上进行的，并且双方当事人一经在调解书上签字（签收）即产生法律效力，如同一纸具有强制执行力的民间契约。调解，即使对于法官来说也是极其个人化的，依赖于法官的审判风格、“工作”方式、经验，甚至他/她的气质、讲话的态度、语气，他们是否愿意、力求调解。因此，在双方当事人合意的条件下，法官所能带到法律程序中的调解，是给三方提供了一个日常生活“世界”。这个“世界”并没有走出现有的司法场域，甚至没有走出法庭，被制度化的不是整合两种秩序的司法技术，而是司法的生活化，其中双方当事人实现了角逐利益的主体性。

9 位农民的诉讼请求根据实际情况逐渐理性地降低“谈判筹码”，进行诉讼活动，正如终审的调解书中所说，“经过充分协商，9 位上诉人再次让步，双方确认……”利益分配，达成协议。在起诉书中，原告的请求包含了两重含义：首先，他们与煤厂之间的关系是合伙关系；其次，收益（补偿款）应该按照“谁投资谁收益”的原则进行分配。合伙关系的主张体现了他们的“法律意识”，“虽然名义上是被告所属企业，但实质上是原被告合伙经营，而且煤厂是由原告九人共同出资创建，虽然在合股经营时就纯利润的分配比例达成了协议，但对属于原告建煤厂的固定设施，生产工具及劳动工资未做出处理，而移民补偿的实质是对固定设施的补偿。根据我国关于合伙的有关规定，原告是煤厂的主要投资者，谁投资谁收益，原告投资得到的移民补偿款应该归原告所有”。

根据《中华人民共和国合伙企业法》第三十二条的规定：“合伙企业的利润和亏损，由合伙人依照合伙协议约定的比例分配和分担；合伙协议未约定利益分配和亏损分担比例的，由各合伙人平均分配和分担。”或许是巧合，最后的调解书中利益分配的约定就是平均分配，9 位农民获得净“利润”的 50%。法院在所有的判决中都否定了二者之间的合伙关系，但在调解书中却“按照法律”进行了分配。

这给我们一个深刻的印象，根据某种分配（实质）正义的法律逻辑提出的要求是在典型的具有日常生活特征的调解中实现的，而不是在更可能充满法言法语的审判过程中实现的。

一审历时很短（7 月 16 日到 8 月 10 日），这正是判决的高效率之表现。但调解的过程却有 4 个多月之久，超出法庭的空间。我们可以想象（因为没有实地的调查、访谈）这可能给双方带来的压力与机会，以及法院方面的压力与“做工作”的可能性。9 位原告（多人诉讼）本身就是一种压力，从原告的年龄、性别和名字来看（38—70岁的男性，以“世……”“业……”为名），应该是同姓家族中的两代人。这样的原告“组合”往往容易成为“社会不稳定因素”。这是追求社会稳定这一重要社会效果[①]的法院不可能不去考虑的。

在司法程序进行中，解决纠纷方式的改变，使得矛盾的焦点落入了一种较为日常化的语境，人们可以进行非法律化的交流，并且受到法律的支持。在这个场景中，三方行动者——法官与双方当事人，都有着比较一致的目标，那就是要解决纠纷、解决问题。因此，各种意见与理由得以没有障碍地表达与阐述。空间、时间，以及制度上的安排都为这种交流提供了条件，显示出制度化的状态。在本文所涉及的已结案的案件中，大约有一半（45%）是以调解方式结案的。

法院是否依法审判，对于当代的司法审判来说已经没有辩论的意义。无论是制度上的规定，还是法官的认同与实践，只要是在正当秩序范围内，依法审判确实是法官行动的最低标准。但这并不意味着法庭就是一个缺乏讨论的其他的观念和准则不发生作用的空间，恰恰相反，现有经济条件下法庭的布局、时间的安排、法官的观念等，都使得法庭成为一种开放性的讨论甚至可能接受各种观点的场所。更典型的现象是，调解程序更使得司法日常生活化演变为一种制度性的安排，法律与其他规范实现了互动。[②] 因此，如果当事人坚持某种法律的规则或原则，可能是出于策略的考虑，也可能是出于内心的认同，但无论如何，都不能被看作理所当然。也正因为如此，在法庭中展现的观念的冲突具有了普遍性意义。

对于法律制度的转型来说，这种司法日常生活化的状态可能产生两方面截然对立的后果。一方面，人们在法庭上的思维方式会影响在日常生活中的行为，就像2—11廖立旺诉国棉七厂案中的原告一样，经过一次诉讼以后，就清楚再遇到类似的情况就要放弃原本抱持的亲情逻辑而选择法律逻辑，这一制度转型的结果渗透到日常生活之中，即在真正的意义上促成了社会转型。另一方面，则是司法不能够成为一种与社会生活其他领域相

---

① 对于法院追求社会稳定这一价值，除了前面有所提及以外，为避免偏离主题并没有展开。只要看看法院的官方报刊《人民法院报》，这一价值的重要性就一目了然了。

② 调解越来越被官方所提倡。通过网络搜索“调解率”，会发现，在有些法院调解结案的案件已经超过了70%，甚至达到90%。

区分的独立系统。司法知识的专业化不能够完成，其权威性、既判力也就不能够确立。其中一个直接的后果就是执行力的缺乏，做出判决的案件不能执行，就像 4—10 王国珍诉乔新民案那样，即使是数额极小的赡养费，在判决后也不能兑现。这种两相对立的状况，正是当前法律现代化的现实。

第四章

基于权利的衡平

权利，已经成为在法庭上使用最为频繁的词语之一，特别是在书面的诉讼文件中，各种权利的诉求是诉讼的核心要素。在较为疏远的关系中出现的冲突，大多围绕权利展开，其中的争议涉及两个方面，即已经确定的权利的实现和不确定权利的归属。在本章所涉及的案例中，后者占绝大多数。在本章所涉及的28个案例中，属于前者的情况只有2件，属于后者情况的有21件（占75%），其他的5件则与侵权、赔偿有关。再将这一大类的案件分成两个类别，则陌生人关系的案件为18件，其中确定权利归属的案件有13件；涉及集体和成员的案件有10件，村庄成员和村委会之间的纠纷的案件有8件，其他2件是单位和职工之间的工伤事故赔偿纠纷。本章重点分析的是陌生人关系中的13个案例和村庄成员与村委会之间的8个案例，其他案例则置于次要地位。

一　谁的权利

（一）陌生人之间

对陌生人之间的案例再进行分类，则可以分成纠纷双方在人数上没有差别的陌生人关系，即个人和个人之间、团体与团体之间的纠纷，和纠纷双方在人数上有差别的单个人和多数人（或集体）之间的纠纷。在这18件案例中，2个借贷案件（1—01张士柏诉吴丽媛案，1—39张一白诉姜德民案）权利归属清楚，3个侵权案件（1—02王长利诉张春来案，1—03郑志新诉钱正案，1—48常世天诉安装工厂案）涉及责任分担，不是重点要探讨的对象。其中的13件案例都以权利归属的争论为焦点。具体分类如表4—1所示。

表 4—1　　陌生人之间的财产案件

个人之间	团体/集体与团体/集体	个人与团体/集体	个人与多数人
1—05 吴启林诉李一忠案 1—26 张春丽诉于一德案 1—46 薛晴诉张健案	1—28 医药公司诉新营商店案 1—29 晨光诉建伍案 1—31 葛营诉供电局案 1—52 三德诉人发工程案	1—35 孙俪爱诉大发案 1—37 喜得诉董小伟案 1—45 于武波诉和玉案 1—50 王志刚诉百瑞康案	1—49 季喜彤诉曹旭强案 1—51 任县贸易诉李立国、白三案

1. 法律关系主导身份关系

（1）个人之间

这里个人之间的纠纷大多与解除婚姻关系后的财产分割有关。1—46号案件中的薛晴和张健在 2003 年离婚的时候，已经在一起生活了 16 年。2000 年 12 月，张健外出打工后即杳无音讯，薛晴便以“感情破裂”① 为由提起离婚之诉。离婚后，薛晴发现在他们共同生活期间经营的公司售出的一批货的货款一直没有到账，应该属于婚姻存续期间的夫妻共同财产。因此薛晴在 2004 年 11 月向法院提起诉讼，请求确认原告和被告为这项债权的共同债权人，并确认自己有 50% 的债权份额。这笔债务的原承担者现在已经注销，债务由一所外国语学校承担。

由婚姻关系而组成的家庭虽然不能被当作是一个纯粹的经济组织或契约关系，但是，当它解体以后，要追溯以往的权利义务关系，就完全以陌生人之间的联合来对待。这时，两人之间都要为权益的享有而竞争。

针对薛晴提出的请求，张健回应道：自己并不是这笔货款的债权人，

① 无论在共和国第一部婚姻法中，还是在最新颁布的婚姻法中，这项事由都在婚姻法的表达与实践中占据重要位置，它同时标榜了婚姻的结合以感情为基础。参见黄宗智《离婚法实践：当代中国法庭调解制度的起源、虚构和现实》，载《中国乡村研究》（第四辑），社会科学文献出版社 2006 年版。

因为公司是独立的法人，是公司与债务人之间的买卖合同构成的合同之债，因此，薛晴也就不能够行使债权。

他们的公司成立于1997年，企业性质为集体企业。当时的投资者是张健、薛晴，以及张健的父亲，投资比例为50%：25%：25%，注册资金20万元。但经营一年多就注销了。张健认为，既然公司已经注销，就应该由原公司的全体股东向债务人实现债权，而不是某一个股东。

1—05吴启林诉李一忠案中的两位主人公对婚前财产的归属也有不同的处理意见，在情节上与前案类似。比较引人注意的是1—26张春丽诉于一德案。张春丽与于一德的父亲未婚同居期间曾购置了一些家电用品，其中的一些财产没有证据证明张春丽有出资。在法庭的辩论中，于一德对财产权的主张并没有提及“非法同居”者不能获得财产这个道德性的理由，双方完全是在谁出资购买这个问题上争辩。

也就是说，对于解除了婚姻关系的当事人，财产分配除了夫妻共同财产要均分以外，对于共同投资的部分，要按照投资的情况来分配，也就是说，完全按照法律关系来主张财产利益的分配。

1—01张士柏诉吴丽媛案、1—39张一白诉姜德民案，这两个借贷案件就更是如此，这两个案件中的法律关系明确，对于债权人主张的还贷没有任何异议，争议的只是谁偿还以及偿还多少的问题。

（2）团体之间

这几个团体之间关系的案件在法律上属商事纠纷。1—28医药公司诉新营商店案，双方对争议问题认识清楚，认同相同的分配规则，但对法律事实的主张却是截然相反的。在这个案件中，争议的焦点是如何确认一个药店的产权所有人。他们双方都主张根据经营药店的性质来判定，但是一方主张形式主义，即注册成集体企业，那么就是集体企业；而另一方则主张实质主义，要根据投资、经营、人事管理和利润分配的情况来判定企业的性质。

1—31葛营诉供电局案涉及一份协议规定的权利归属问题。1993年5月，葛营房地产公司与供电局签订了一份“联合开发蓝旗仓储区《协议书》”，协议规定葛营房地产公司提供土地23.6公顷及有关手续，供电局提供后期资金，负责项目的规划、设计、施工、管理，房地产公司提供土地后得前期开发补偿费和包干利润2655万元；协议签订后，供电局给付定金30万元，1993年6月10日前付500万元，1993年10月末付827.5

万元，1994 年 3 月末前付 663.75 万元，1994 年 5 月 1 日前付清全部余款，葛营房地产公司得包干利润后，不再分得该项目的其他利润。协议签订后，供电局仅给付了 436 万元，尚差 2219 万元没有给付。为此葛营房地产公司于 1995 年 6 月向法院提起诉讼，要求给付欠款 891.5 万元，并保留余款的追诉权利。这意味着房地产公司如果胜诉，供电局将要承担 2200 余万元的债务。

供电局的律师认为，葛营在签订合同的目的上，是以合法的形式来炒卖地皮。在协议的内容上，依据《中华人民共和国城镇国有土地使用权出让和转让条例》《关于加强房地产宏观调控管理促进房地产业健康持续发展的意见》《中华人民共和国城市房地产管理法》的规定，土地转让必须满足的条件葛营房地产公司均没有满足。且根据葛营房地产公司与土地部门签订的《国有土地使用权出让合同》也没有完成承诺。另外，在程序上，也没有办理使用权变更手续。证明造成协议无效的过错在葛营一方，因此，应由其承担责任。

葛营房地产公司一方则认为：依据《中华人民共和国民法通则》规定的自愿公平、诚实信用等原则，根据《中华人民共和国经济合同法》，合同依法成立就有法律约束力。在内容违法的抗辩中认为，如果内容违法则首先是对方违法，在获得土地使用权后不久就炒地皮，转让他方。在转让的条件和程序上，引用了《中华人民共和国城市房地产管理法》《中华人民共和国土地法》《中华人民共和国城镇国有土地使用权出让和转让暂行条例》及《中华人民共和国城市房地产管理法》，与对方引用有差别。并且根据法律规定应由受让方办理过户登记。

双方以及法院都认识到了该合同的形式和实质上的差别，确认为“名为联合开发实为土地使用权转让的协议”。分歧在对该合同效力的认定以及责任承担上，分歧部分表现为双方引用不尽相同的法律条文。1—52 三德诉人发工程案也关系到人们应该严格按照约定来执行契约还是根据已产生的事实后果来产生行为。这实为技术性的法律问题。

另一案件则涉及以往的政府为一方的合资企业中合同履行与产权归属问题。1993 年 2 月，1—29 晨光诉建伍案中的 Y 市晨光镇企业总公司（隶属镇政府）（甲方）与香港建伍公司（乙方）就合办企业达成协议。总投资为 1100 万元人民币，注册资金 800 万元，甲方以 1000 亩虾池出资入股，作价 600 万元，占注册资金的 75%，乙方出资现金 200 万元，占注册资金的25%。并在3月签订了内部经营合同，规定乙方经营虾场期限为15年，向甲方交租金，并且规定虾场由乙方单独经营，自负盈亏。也就是说，这份合同表面上是合作经营合同，实际上是土地租赁合同。

虽然具有法律效力的标的为虾池1000亩，但实际的水面面积却达到了3000亩。1993年9月和1994年9月，双方分别又对合同进行了修改，将合同期限延长到50年，亩数则增加到7500亩，按照实际水面面积收取租金，但价格由原来的240元/亩降到了55元/亩。（经手调研的律师提供信息，据现有党委班子回忆，1994年9月，原党委书记徐某在路西村开党委会议，香港方面的孙某参加了会议。当时之所以研究扩大亩数减少租金，是因为孙某1994年养虾受灾，为了套取香港老板更多投资，因而采取扩大亩数的办法。实际上该地拦海虾场根本没有7500亩，只有5000亩。孙某为香港方的企业代表。）

在随后的合同履行过程中，乙方拖欠租金，并以台风为由要求减免租金，但另一种说法是，在台风前就有的全国性虾病已经对虾养殖业造成灭绝性的损失。香港企业的拒交租金激起“干部和群众的不满”，人民代表向政府施压，建议政府出面。

1996年4月，该镇的人民代表大会决议：如果乙方不能兑现合同，应坚决收回虾场的使用权。但孙某不理“决议”，并把虾场转租他人。事情继续激化，造成多次群众上访事件。所有权问题被提出来。

1996年6月，农民村干部向镇政府提出：虾场实际情况是，1970年前是一片海滩，从1971年开始到1972年晨光镇组织当时24个村10000多人经过两年努力，人工改造成5000亩水稻田，改造后分给城郊12个村使用多年，由此可见拦海土地所有权是晨光镇城郊12个村所有。而1993年办合资企业时根本没有同村里商量，更没有办理征用土地手续，实属“一平二调”①。

随后，晨光镇多名机关干部认为孙某不履行合同，严重损害了本镇

① 人民公社时期用语。也被称作“共产风”。1959年2月27日至3月5日的第二次郑州会议上，毛泽东专门针对人民公社所有制、平均主义和过分集中问题发表讲话。一平二调指的就是“否认价值法则，否认等价交换，实行贫富拉平，平均分配；对生产队的某些财产无代价地上调；银行方面，也把许多农村中的贷款一律收回，即‘一平、二调、三收款’”。会议的宗旨就在于重申三级（公社、生产大队、生产队）所有制相区别，强调生产队所有制。主张放权和按劳分配。

人民的利益："提出港方资金没足额到位，只在合资开始到位 10 万美元；晨光镇前任个别领导，还有 Y 市个别部门领导在虾场设有股份。现在的事实情况是，开始以办合资企业为名，后来采取扩大亩数减少租金等手段，逐渐地把晨光镇 12 个村的虾场变成了几个人的虾场。以孙某为首的几个人，他们根本不投资，而是从 1994 年开始把虾场全部转包他人，孙某等几个人从中牟利，这严重侵害晨光镇村民的利益，是一种侵权行为。"

1997 年初，繁荣村王某牵头 60 多名群众和残疾人（这些残疾人其中有一部分是在拦海造田中受伤的）几次集体到镇政府，要求政府解决，并宣称将组织千人越级上访。

1997 年 3 月，镇部分机关干部和残疾人上访群众百余人，以拉回变压器为要挟。镇政府主要领导再三做上访群众的工作，但始终得不到群众的谅解。事态越来越严重，镇领导出面，通知孙某到镇政府谈判，如果能达成共识，变压器马上就给安上。但没得到答复。

再后来，孙某等再一次被请到镇政府谈判。谈判开始，孙某仍坚持向晨光镇提出免除 97 万元欠款的要求，镇政府没有同意，但双方没有在此问题上纠缠，而是提出 1997 年后新的租赁和承包办法。此时，孙某提出新的索赔要求，几项合计 244 万元。后晨光镇建议双方互不要求经济索赔条件。

镇政府认为，他们有理由、有权力废除合资超占部分的合同，收回合资以外的虾场面积。由于孙某拒交租金，又拒绝交出超占虾场，因而引起部分群众和残疾人在虾场发生一些过激行为，这些过激行为完全是群众自发行为，镇政府从来没有支持他们的过激行为。同时认为对方存在几项法律上的问题：一是孙某现在是否还具备香港建伍法人代表资格；二是合资后的限定时间内港方资金并没有全部到位；三是企业经营已经严重亏损；四是不兑现内部合同条款；五是孙某单方面把镇土地转租他人。但并没有提起诉讼。

1997 年 6 月，孙某也到各级政府上访，提出索赔 2900 万元的要求。

1995 年，市政府曾出面解决某村民组占用地上水线事件，确定水线权属为村集体所有，并承诺拨付租金，而虾场的损失也由镇政府负责。但重点是各方对虾场所有权的态度。如果他们对产权问题避而不谈，那么在当时的"事态"下，又是如何表达各自的意见，存在哪些分歧呢？

村干部对产权问题提出的质疑是针对镇政府的，但很快就被镇政府把注意力转移到港方代表孙某身上了。并且把双方解决问题的基点放在了如何卸除“群众”压力上来了。

镇政府认为，孙某为私利擅自处理虾池、拒交租金的行为是引起群众上访的直接原因；而对方则认为，合同中规定了如遇人类不可抗拒的自然灾害乙方免向甲方交纳当年的固定金额，群众的捣乱行为带来巨大损失，应获得赔偿。在财产所有权上他并不关心。

A. 关于所有权：“群众”—镇政府

对于虾池的所有权，“群众”主张的是付出劳动者集体拥有所有权，因此，镇政府没有经过村民同意——“违背民主程序”，一平二调的做法违背实体公正。

镇政府回避了这个问题，并将矛盾转移到合作方为“私利”而采取的单方行为上。

B. 关于纠纷（欠款与损失）的解决：“群众”—镇政府—建伍公司

群众要求劳动回报，并主张将孙某赶出该镇。他们要求付出回报均等的衡平规则。

镇政府方面则主张不计以往损失和租金拖欠，所谓的“向前看”。这样看来，在政府策略选择中，历史是没有意义的。

而对于建伍公司来说，它所主张的是要严格按照合同行使的契约规则。

（3）个人与团体

1—45 于武波诉和玉案和 1—50 王志刚诉百瑞康案，这两个案件的当事人分别是住户和房地产开发商，发生纠纷的理由也都是住户一方认为开发商没有按照合同的约定提供商品，要求开发商按合同继续履行或者提供一定的经济补偿。在这类案件中，团体的身份并没有特殊之处，二者在法律上的平等地位使得他们只在法律上寻找有利于自己的理由。住户提出要求是因为已经交付了房款而产生的权利，开发商的抗辩也是提出自己已经提供的商品和服务符合约定中的权利要求。

1—35 孙俪爱诉大发案中的大发公司在孙俪爱租赁商铺的市场提供物业服务。孙俪爱认为大发公司安放的消防楼梯影响了自己的生意，要求对方给予补偿。问题在于大发公司安放的消防楼梯是否侵犯了商户的相邻权，与前两个案件一样，竞争的方式是举证证明权利的边界，而不是认同规则的竞争。

1—37 喜得诉董小伟案中，为落实国家对军工企业的“整体破产，资产重组，异地安置”工作计划，2004 年 4 月，喜得化工厂获得 Y 市建委的批准，将其所属的化工厂设计所迁至开发区。当化工厂的负责人员到 Y 市建委索取资质证书准备去省建委办理迁移并年检时，被市委工作人员告知，对于企业的合法性和行为能力来说至关重要的资质证书已经被董小伟等人取走，原告多次派人要求被告返还资质证书，均无结果，于是诉至法庭。

二者争议的核心是，之前是否有合作的意向或事实，是否应该根据合作意向进行收益分配。董小伟声称，其与化工厂曾经达成合作意向共同组建经济性质为自然人参股的有限责任公司，因此，取走资质证书的行为并无不当，并且认为，化工厂没有按照约定履行合同，有违约行为，应该对其造成的损失给予赔偿。

化工厂则坚决否认与被告之间有合作的意向。被告的行为一方面是侵占其财产，并且由于军工企业的国家性质，被告的行为有侵占国家财产的嫌疑，因此于法不容；另一方面，被告意图强行与其合作，违背了原告的意愿，于情于理不通。

董小伟则更进一步辩称其并未扣押反诉被告的资质证书。他们和化工厂是合作关系。在答辩状中，详述了合作意向达成的经过。并认为在此期间，为准备与原告合作而产生的资金支出和由于没有能和原告进行实质性合作而产生的损失都应由原告负责赔偿，提起反诉。要求赔偿金额为 16.070 万元，其中，办理迁移手续的各项花费 1.052 万元；租房 1.800 万元；装修 0.935 万元；购置设备 4.283 万元；与客户订立设计协议未能履约造成违约损失 4.0 万元；已上缴管理费 4.0 万元。

化工厂则又对反诉进行答辩，再次强调答辩人与反诉原告没有达成口头协议，现在以资质证书要挟与之合作，违背自愿原则。认为董小伟要求的赔偿没有法律根据。同时，化工厂一方承认被告曾交纳入网费 1440 元，但这是希望与答辩人合作的公关行为，是自愿的单务并已经履行完毕的赠与行为，因此无权要求返还该款项。

化工厂所依据的理由：其一，资质证书是国家财产；其二，并没有与董小伟建立合作关系；其三，董小伟以资质证书要挟与之合作是违背其意愿的。也就是说，“国家财产”或者集体财产优先是一种重要的依据，同时，否定有合作的意向，也就从反面证明他们承认有约必守的原则。而董小伟所坚持的是他与化工厂之间已经订立了口头协议，协议应该被遵守，即在有约必守这个原则上二者之间并没有争议，同时，他们相信这一原则不会因为财产的国家（集体）性质而有所动摇。是否有合作协议便成了一个有待法院明确的事实问题。

2. 集体在何种程度上具有优势

（1）公共利益

其实在上面3种案件中，团体的地位和个人并没有实质性的差别，他们都是在同一个水平上竞争权利的归属，其理由也符合付出者获得权利进而要求利益的逻辑。但在下面这两个案例中情况有所不同。

1—49季喜彤诉曹旭强案中的季喜彤曾经是某粮油加工厂厂长，在该厂注销以后，加工厂的办公室产权转移成为他的私人财产，经营旅馆，即诉讼文书中所称的“招待所”，该招待所的位置如图4—1所示。

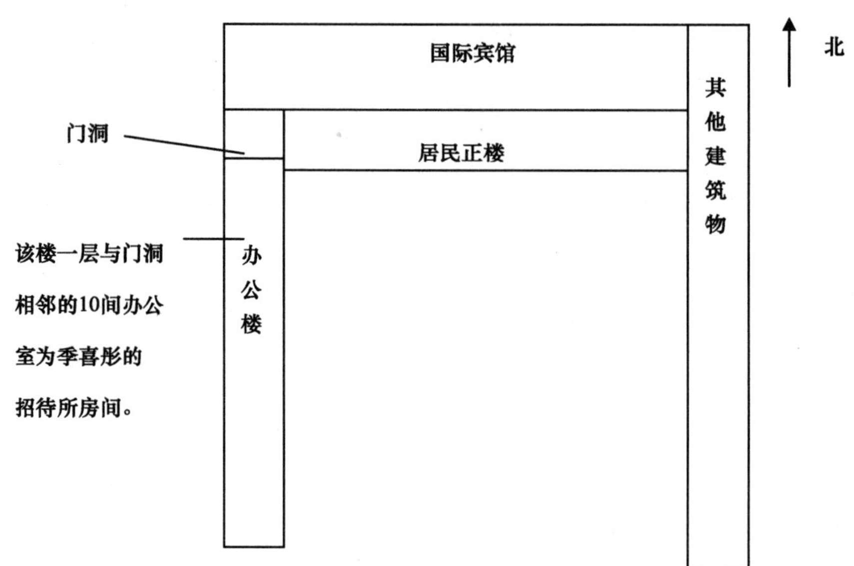

图4—1　1—49季喜彤诉曹旭强案中诉争财产的位置

1988年，Y市一县级市的矿山资源管理局与地震局合资兴建了办公住宅综合楼，该楼在设计时，为解决正楼居民的通行问题，将南北走向的厢楼一层北侧留出约一个房间的面积作门洞，供居民通行之用，该门洞的北侧与国际宾馆的南墙相邻。该综合楼建成后，矿管局分得办公室10个房间（该办公室北侧即是其正楼居民通行用的大门洞）。1991年5月14日，矿管局将其所有的10个房间出售给某审计事务所，并在协议中约定："甲方（矿管局）同意乙方（事务所）出售办公室，共计10个房间，……南邻地震局办公室，北邻国际宾馆南墙。"1992年12月23日，事务所又将这10个房间出售给季喜彤，合同中约定："甲方（事务所）同意乙方（经销处）出售办公楼……南邻地震办、国际宾馆南墙含车库（门洞）。"1995年9月26日，季喜彤以民政粮油加工厂的名义，将所购买的10个房间的办公室申请财产登记。1999年初，该综合楼地段被纳入城市规划，扒掉了正楼西侧建筑物，该楼居民可走小区大门，故原供该楼居民用作唯一通道的大门洞已没有用于通行的实用价值。

此时，该楼居民为解决近年来使用国际宾馆锅炉采暖质量不好的问题，要直接加入市供热公司的网络，需要6万元的入网费。1999年10月22日，经"全体居民研究同意"，居民代表将原用作通道的大门洞以6万元的价格，出售给市残联建接待室，市残联出资后，此款已用于支付给市供热公司作入网费，现该综合楼（包括季喜彤在内）已享受到市供热公司的供暖。2001年3月，季喜彤借残联不工作的机会，将该大门洞建成两个房间与原所购的10个房间相通，作招待所用房。并以（居民代表）曹旭强和残联的买卖合同侵犯其所有权为由提起了诉讼。

季喜彤认为，（居民代表）曹旭强等人，未经房屋所有人（即自己）的允许，擅自将由他所有的车库（即门洞），出售给残联。曹旭强等人的行为，侵犯了他的合法权益。曹旭强和残联之间所签订的房屋买卖合同因此是非法、无效的。他说，以前曾想向他们提出质疑，遭到被告的无理拒绝，"无奈之下"，诉至法院，要求确认被告人曹旭强等人与残联于1999年10月22日所签订的房屋买卖协议无效。并要求被告承担本案诉讼费用。

从故事发展的情况来看，原来两个国有单位建成了包括争议房屋在内的楼房以后，便不再出现于冲突之中。而季喜彤所拥有的10间房和产权不明的门洞则经过几次易手，在这几次交易过程中，门洞的所有权一直没有被提出，也没有引起任何冲突，并且被社区内的居民长期地免费使用，但门洞的所有权确实悬而未决。究竟是公共财产还是私人财产？究竟谁具有处分的权利？这是双方争议的焦点所在。

在季喜彤看来，他购买10间房屋的时候，也同时购买了门洞，合同中明确有“南邻地震办、北邻国际宾馆南墙含车库（门洞）”字样，既然为门洞履行了支付义务，也就应该享有它的权利。这是衡平规则的内容。

而在曹旭强等人看来，门洞一直为公益服务，也就是为集体服务，个人应该服从集体。并且他们对门洞的处分获得的利益，季喜彤也享受到了，既然是这样，那应该按照“集体决议”来处分。这实际上是一种需要法则，因为某财产满足了共同需要所以归共同所有。既然是公共财产，那么也就可以通过集体意见来处分。需要规则的伸张带有道德性的倾向。

用衡平规则来宣称权利，这显然出自于法律的规定；而根据集体的需要来安排财产的占有，无论在曹旭强一方的陈述、抗辩中，还是在法院的裁决中，都没有出现“集体优先”的主张，而是以“公共利益”为由来讨论的。

（2）相对于集体利益，历史是否重要

1—51任县贸易诉李立国、白三案也颇为典型。在这起纠纷中，个人的一方也力争宣称自己对争议的土地享有权利，但他们话语中却夹杂着道德性判断，对权利诉求的依据则是程序性的历史事实。

2001年年初，李立国和白三两位当事人在县贸易总公司的百货公司和百货站已经瘫痪无人管理的时候，二人各自用砖头将百货公司和百货站圈起来。贸易总公司多次要求二人将被圈起来的房屋和土地复原，但是李立国、白三二人不但不予理睬，而且还将百货公司和百货站的房屋拆除。百货公司于是将二人诉诸法院，要求“依法收回被占用的土地及房屋”。

李立国、白三二人这种“明目张胆”地圈占公有财产的行为看起来难以理解，但他们有自己的理由。

白三在答辩状中讲述了这样一个故事。

我家是原县贸易百货站的北邻，我家宅院东西9丈2尺，南北5丈2尺。土地改革时确权。1973年（“文化大革命”中），县贸易百货站扩建时，未经我家同意，占用我家宅院南部的一部分宅基地盖房，当时我家几次找到百货公司说理，与当时百货公司的陈经理和王会计（也管基建）交涉，不让百货公司占我们家的宅基地盖房，虽然当时我们家成分较高，但我们有土改时确权的土地房产证。经过几次交涉，最后在大队干部的参与下，县百货公司陈经理代表公司答应我们家："公司盖房只是暂时占用你们家这片地方，你们啥时需要啥时还给你们，以后公司不用了或拆迁时就还给你们，宅基地还归白三家所有。"在当时特定的社会背景下，我们家成分高，也不敢硬抗，只好答应了陈经理代表公司的承诺。商定了这个百货公司和我们家及北街大队都知道的口头协议，百货公司暂时借用我们家那片宅基地，我们需要时，以后百货公司不用了，或拆迁时，还给我们家。以上事实，原百货公司陈经理，北街大队当时的干部谢、付、宋的证明材料足以证实。而现在的经理未必清楚这个事实。……借用要归还，理所当然，应该言而有信。县贸易总公司应该实事求是，将原百货公司借占的我们家的部分宅基地归还给我们。2001 年初，原百货公司百货站、纺织品公司已经瘫痪，无人管理。他们已经没有再占用我家那片宅基地的必要；我家祖孙三代，住房紧缺，翻盖房屋需要占用原百货公司借占的我家那片宅基地。借方瘫痪不用了，被借方需要用，按照当时商定的口头借占协议，原告方应将借占我们的部分宅基地还给我们，才是正理。为了提醒当时的商业局尽快归还我家的宅基地，也是为了维护我们家宅基地的使用权，我就用砖向南垒了个墙头，将我们的那片宅基地圈了起来，我想这也无可厚非。我们只是想维护属于我们的宅基地的使用权，而决无意占公司的地方，更不占公司的房产。

白三还提交了若干证据，包括依据《中国土地法大纲》土改时确权的土地房产证复印件；北街居委会证明材料复印件；陈的证明材料公证书复印件；付的证明材料复印件；宋的证明材料复印件；谢的证明材料复印件；宋某堂、宋某芳、宋某印的证明材料复印件；李某振、李某花的证明材料复印件。

李立国的故事与白三相似。

（我家）自新中国成立前就有位于县城北街南段东老车道以南老

宅院一座，南北长7丈6尺，东西宽4丈5尺，上载北屋三间，门市三间，街门楼一间。土改时确权给李福为业。在其拥有所有权期间，虽然李福家穷，房子倒塌无钱修建，但这座破旧的宅院从未为其糊口而出租或变卖给他人，却因迫于生计而外出谋生（证1—6）。1962年9月，中共中央颁布了《农村人民公社工作条例修正草案》。其中的第21条规定:“生产队范围内的土地，都归生产队所有。生产队所有的土地，包括社员的自留地、自留山、宅基地，等等，一律不准出租和买卖。”根据这一规定，土改时确权给李福宅基地的所有权就归北街大队集体所有，但他仍然拥有对该宅基地的使用权。1966年县百货公司在“文化大革命”的社会背景中扩建时，没有征得李福同意就把他的旧宅院占用了。李福从外地回来得知此事后多次和其子李立国找大队和百货公司评理。大队干部也多次带着李福的宅基地证明材料找百货公司领导讨要被占用去的宅基地（证7—9）。最后百货公司领导口头答应:“地皮所有权是你们的，百货公司房子已盖好了，是国家财产，不可能拆掉。等百货公司啥时候不用了，再还给你们。现在算是借用。”这一承诺，在当时“文化大革命”的形势下，答辩人也只好如此。后来百货公司经营瘫痪，无人管理，建在答辩人宅基地的库房也不再使用。按照原百货公司领导班子的承诺，应即刻把“借用”的宅基地退还给本主，但被答辩人仍无动于衷，无奈，答辩人又一次次找村委会、找百货公司、找县有关部门、找县有关领导促办，但一直没有结果（证10—13）。在走投无路的情况下，答辩人唯恐被答辩人变卖财产，故把其被“借用”去的宅基地用砖圈起来。这一是警示被答辩人被圈之地有茬系；二是促使被答辩人尽快落实原百货公司领导班子口头答应的“等百货公司啥时候不用了，再还给你们，现在是借用”的诺言；三是既然百货公司经营瘫痪且建在被“借用”宅基地上的库房内树木丛生，这足以证明百货公司不用了。故应尽快退还“借用”答辩人多年的宅基地，这种历经多年磨砺的讨要，又错在何处?

两名被告的经历相似，采取圈占百货公司和百货站的行为，理由也基本相同:为了使三四十年前的“上级领导”借用土地并在不使用之时归还的承诺得以实现，而采取的自力救济措施。在两名被告对案件事实的描述中，他们强调自己对土地曾经的所有权，当时是因为政治环境不得不做出妥协而同意由集体占用。也就是说，这种出让土地使用权的行为并非自愿。现在在他们视为时机成熟的情况下，即公司和货站已经废弃不用，意味着当时承诺的“不用的时候再还给你”的条件已经满足，因此他们提出承诺的兑现。但时过境迁，他们也知道不能再拥有土地的所有权，不能完全实现所有权的返还，于是主张返还土地的使用权。他们强调，“国家”不应该说过的不算，应该实事求是。

白三和李立国对争议土地使用权的宣称，所依据的是以下几点：首先，是在土地改革时期对拥有该土地所有权和在集体化时期拥有该土地使用权的历史事实；其次，是对“人应该言而有信”这一道德原则的坚持；最后，则是争议土地上的贸易公司的经营已经停止，这是当年承诺的“等百货公司啥时候不用了，再还给你们”中“不用了”这一条件的满足。其中的一个细节是，二人都强调当时的“出借”是迫于政治形势压力的一种非自愿行为。概括来说，他们主张的是一种财产权的规则，同时诉诸历史来宣称对这项财产权利的拥有，寄希望于道德上的信用来使这一权利获得实现，这正是契约得以实现的基础。[①] 而百货公司的理由则是，“要维护国家财产不受损失”，它背后面临的是停止经营以后各种的债权债务的处理，其实涉及的是与贸易公司的经营有关的集体利益甚至个人利益，“维护国家财产”显然是一种更为有力的说辞。贸易公司所主张的是国家土地所有权。而对于白三、李立国二人所说的“口头”契约，则没有提供答辩意见。

在这两个案件中，“公共”和“集体”有大致相同的内容，那就是除了当事人以外的其他人、多数人。“公共”或“集体”并没有一个具体指称的实体所在。但个体丝毫没有认为多数人的权利或利益是优先的，与自

① 这是现代民法中的诚信原则，即“有约必受”的原则。这一原则得以实践的基础在于，人们必须相信这个原则，便成了一个道德上的信条，最后只能追究到“人而无信，不知其可也”（语出《论语·为政》）。这也是保守自由主义财产权理论的基础，“休谟明确指出了这些思想和自由的关系，以及一切人的最大自由要根据他所说的三条‘基本的自然法则’，即‘所有权的稳定、其转移需经同意以及信守承诺’，对每个人的自由进行平等的限制……休谟最早明确认识到，根据‘事后判断的公正，或对别人财产的尊重、诚实，或信守诺言，已经成为义务并成为支配人类行为的一种权威’，使自然的道德本能‘受到制约或限制’，才会使普遍的自由成为可能。”（［英］哈耶克：《法律、立法与自由》，邓正来等译，中国大百科全书出版社2000年版，第34—35页。）

己的权利有什么本质上的不同；在多数人一方所主张的理由中，虽然认为少数应该服从多数，服从国家、集体，但在这个竞争的场景之中，集体并非一种道德或意识形态的优先者。他们之间竞争的核心问题仍然是究竟谁享有权利。公共利益的优先一样要寻求法律的依据，因此，在本质上，他们都承认产权的逻辑。也就是说，虽然集体优先看起来还作为一种道德上的价值被宣称，但在话语之中，这种优先并没有单独或被明确提出作为理由而必须与法律规则联系起来，对于法律原则而言，它的合法性是次要的。

（二）成员与集体

乡村社会中的村庄（现在的行政村）和城市中的“单位”，是人们公共性集体生活的基层组织。在这些组织中，个体和集体之间形成了一定程度上的隶属关系。在以下这10个案例中，除了2件有关职工工伤赔偿以外，其他的8件都与乡村成员与村组织之间的关系有关。若将它们再进行细分，则可细分为承包权分配、成员身份和财产纠纷（见表4—2）。

表4—2　　成员与集体之间的财产案件

承包权	成员身份	财产纠纷
3—22 王玉明诉榆树村案 3—33 冯二河诉燕来村案	3—21 白启明诉国平村案 3—23 邓燕青诉富甲村案 3—06 蒋三建诉革命村案	3—38 罗起光诉国正村案 3—15 齐世明诉大雁村案

没有列入表中的3—08 刘青山诉孟庄村案是人身伤害要求赔偿，将和两个单位职工工伤案件以及两个侵权赔偿的案件放在一起在文末讨论。

1. 承包权

（1）土地调整

3—22 王玉明诉榆树村案的故事涉及几次诉讼。1992年，中共木区委员会文件，木区发（1992）12号《木区关于完善家庭联产承包责任制的方案》计划重新调整土地，推行“两田制”①。此时，村委会对唐家和王家的土地做出调整安排：唐家因为有两口人农转非退出0.98亩土地；王家娶儿媳妇，要进土地。村委会从唐家收回的土地中分0.5亩给王家，同时，王家儿媳妇原所在村组曾分得的0.65亩土地退回村委会。但实际上，这个调整土地的政策并没有得到顺利执行，新的土地承包合同因为规定退出土地的农户不予配合而没能签订。1997年，木乡人民政府文件，木乡发（1997）17号《乡人民政府关于延长土地承包期续签承包合同工作的实施方案》中又提出，为了稳定当前土地承包状况，“一般以1982年责任制中土地承包基数为准，直接延长土地承包期承包合同，如果在1992年‘两田制’中已经调整的村组，以1992年落实的面积为准，直接续签

① 1992年前后，农村土地调整中曾经盛行“两田制”。总的来说，可以将这一“改革”概括为以提高土地的使用效率为目的始，以增加农民税负、增加村（干部）收入的实际效果终。所谓“两田制”，是20世纪80年代后期，首先由部分（山东省）村庄自发实施，后被全国推广的土地承包制度。即强制地把农民承包的土地分为口粮田和责任田两部分。口粮田平均分配，以户定地；责任田由集体组织强制地集中起来，实行招标承包，承包给所谓的“种田能手”，一般没有中标的农户只能种植更少的土地。当然，在不少地方，“两田制”只是“动账不动地”，即在账面上把承包地分为口粮田和责任田两部分，农户实际种植的土地面积不变，但责任田的税费负担增加了。从这种田地的分配制度中，隐约可以看到集体化时期的影子。实行“两田制”最初的目的是促进农业集约经营，推动种植业结构调整。但是，各地多年的实践证明，“两田制”在推行过程中违背初衷，成为变相加重农民负担的手段。通过“两田制”实现规模经营，其局限性是显而易见的。一方面，实现规模经营的只是责任田部分，而对口粮田部分仍然按人平分，这就不但没有解决土地细碎化问题，而且使口粮田更加细碎化；另一方面，对责任田部分虽然可以实现规模经营，但它是以打破地权均等原则为前提的。“中央”在这个过程的开始阶段并未表示赞成，而是持不提倡、不支持的态度。于是这一制度开始不受阻碍地在全国范围内蔓延。直到1997年，中共中央办公厅、国务院办公厅《关于进一步稳定和完善农村土地承包关系的通知》（中办发〔1997〕16号1997年8月27日）提出了要整顿“两田制”。其法律依据在于，《农村土地承包法》和中央及各级的土地承包政策明确规定，农村土地应采取家庭承包方式，使农民依法平等地行使承包土地的权利，这是我国农村土地承包政策的基础。随着中央政策的调整完善和农村改革的不断深化，“两田制”这一承包经营形式已不能适应当前农业和农村经济发展的新形势、新任务的要求，特别是直接违背了《农村土地承包法》关于农民“依法平等地行使承包土地的权利”的基本精神。因此，两田制被禁止实行。尽管这项不合理的制度被最终禁止，但是在这个过程中已经或一直在发生变化的土地占有状态及其结果是无法改变、弥补的。在所收集的案件中，以上列举的两个所代表的案例就反映了这段时期在政策的变动中，基层村庄，以及村庄成员的遭遇，折射了在中国土地制度历史中，地权变动带来的影响。在这个过程中，村委会实际上有很大的自主支配土地调整的权力，只要在大的方面保证不违反国家的规定，就可以决定将土地分给谁、分多少、承包的价格、期限。并且在一定程度上成了一部分土地所有权者——集体所有权的处分者或直接执行人。

土地承包合同”。但在这5年间，王玉明和唐大山曾经约定，王玉明可以耕种应进的土地，如调整土地没有落实则交回，并且缴纳了相应的土地税费。在1997年新文件下达以后，唐大山便与村委会重新签订了土地承包合同，将1992年调整的由王玉明耕种的土地重新发包给了唐大山。王玉明不同意退回土地，协商不成，唐大山将王玉明告上了法庭。法庭根据新签订的土地承包合同，判令王玉明交还唐大山的土地。王玉明不服上诉至中级法院，终审判决维持了原判。王玉明认为自己产生的这些损失，包括如果继续耕种土地而能够获得的收益、诉讼费、误工费等其他花费，是村委会的过错造成的，因此将村委会告上了法庭，称:

> 1997年12月，被告依据木乡政府17号文件，在未通知原告的情况下，不顾原告与唐大山土地调整的事实，擅自将已调进给我的0.5亩土地重新签订合同承包给唐大山，导致唐大山以停止、赔偿损失为由起诉原告，原告为应诉花去各种费用1860元。同时，原告儿媳划出的0.65亩水田未予重新划回，以每年300元收入计算，30年承包期减少收入9000元，这些损失形成完全是被告的过错造成的。

被告村委会并没有做书面的答辩。法院很快做出判决，根据此前王玉明和唐大山之间的纠纷，两级法院做出的判决，判断出王玉明在这两次土地调整过程中产生的“损失”和将来可能产生的“损失”都是他自己的过错造成的，村委会并没有过错，因此驳回了王玉明的诉讼请求。

王玉明所不满的是，村委会不考虑土地已经由自己耕种的事实，在没有经过自己同意的情况下，将土地分给他人耕种。这包括两个方面:

第一，村委会失职，没有使自己真正地占有土地;

第二，村委会滥用职权，不经自己同意而动用土地。

我们注意到在“两田制”实施中所进行的调整土地，村委会和村民各自采取了一套应对的办法。就唐大山和王玉明之间的土地再分配而言，对于村委会来说，并没有与两家签订新的土地承包合同，而是采用了所谓的“动账不动地”；唐大山和王玉明却以约定的方式实现了被要求的土地变更，王玉明在5年中正是这块土地的实际耕种者。

无论是王玉明、唐大山，还是村委会，从他们的做法来看，都没有对一个新的政策一定能够切实执行抱有信心，因此都采取了一个“缓冲”的办法，一个权宜之计，以预防政策的再次变动。由此看来，这个纠纷的产生似乎既有正式规则的不确定性的原因，也源于制度与实践之间的距离。

在这个争议当中，王玉明主张的便是谁耕种谁有权的规则；唐大山则一方面要求按照原先的约定，即如果政策没有落实则返回土地的约定；另一方面则根据新的政策——在1997年政府发布的木乡政府17号文件中，规定了“坚持‘增人不增地，减人不减地’的原则，这就稳定和完善土地承包关系，延长土地承包期，不是按现有人口重新划分承包地，而是在原承包合同的基础上，直接延长土地承包期，续签承包合同”。——拿回土地具有制度上的正当性；而村委会非常灵活地选择规则的适用，在政策变动之初将土地实际的耕种安排留给了村民自己解决，而在争议出现的时候，“照章办事”地依赖上级的指示，它对村民土地的管理可以是放任主义的，也可以是严格的“法定”主义者。

因此，最终我们发现，即使在制度与实践之间没有距离，如果能够支配何种法律为有效的政策是变动的，如果有权机关对权利的管理是放任的，那么政策本身的执行力就已经被削弱了。而唐大山和王玉明之间的私下约定正说明，这种变动一定不是偶尔发生的，以致人们早已形成自己的一套应对方式。对唐大山而言，不只能灵活地适用改变的政策，而且试图保证最初土地分配的稳定性。问题是，在一个人对土地实行了实际耕种长达5年之久，有效地实施了管理并缴纳了相应税费的情况下，这个人是否应该具有该土地的权利；并且，此时是否应该视为“两田制”已经落实，因此应该根据“如果在1992年‘两田制’中已经调整的村组，以1992年落实的面积为准，直接续签土地承包合同”？显然这正是争议的焦点，双方各持己见。

另外，这也是两种规则效力之间的较量，这种较量体现在事实认定上，王玉明和唐大山之前的私下约定是否在经历了5年的时间之后意味着“政策的落实”？也就是说，来自“习惯”的契约规则和来自官方权威的法定规则，在认定这个事实上出现了冲突。但是，无论是哪一方都没有提到应该按照最初分配规则，即根据一户中人口多少来平等分配土地，而后主张自己应得的份额。也就是说，平均分配并不被用来当作诉争权利的规则。

除了有关权利归属的争议以外，就产生的损失而言，究竟应当如何归责也产生了争议。王玉明在起诉状中说道：

> 1993 年，唐大山就共退出耕地 0.98 亩向被告提出异议，但经过当时的乡干部调解，认定原告与唐大山两家调整土地有效，不予变更。此后，原告人一家耕种该 0.5 亩土地，并按时足额上交了该土地的“三提五统”费用和“农、牧”两税。1997 年 12 月，被告依据木乡政府 17 号文件规定，不顾原告与唐大山 1992 年土地调整的事实，在未通知原告人的情况下，擅自将已调整的 0.5 亩耕地重新承包给唐大山，双方并签订了土地承包合同，但原告儿媳已退出的 0.65 亩水田却不返给原告。被告方的一系列行为在时间的不同阶段产生了不同的作用，给原告造成了较大的经济损失，虽然被告违法将已调整的 0.5 亩耕地又承包给唐大山及其家人，直到 1998 年唐大山以“停止侵害，赔偿损失”为由起诉原告时，原告方才知道被告方与唐大山签订土地承包合同时将已调整的 0.5 亩耕地重新划回。原告方从 1992 年至今，不存在因耕种 0.5 亩调整耕地而产生侵权，即使唐大山 0.5 亩调整有差错，原告方也不存在主观上的过错。但是，原告因儿媳已划出的 0.65 亩水田未予重新划回，以每年 300 元收入（计算），30 年承包期减少经济收入 9000 元，为应付唐大山诉讼，花费车费、住宿、材料交制，代理人生活补助，借人的车、住宿、生活费共计 1650 元，应诉后又承担了诉讼费 210 元，共计 1860 元，这些损失的形成和经济收入的减少，完全是被告方的过错造成的，为此，为了维护自己的合法权益，根据我国《民法通则》及我国《民事诉讼法》相关规定，具状向贵院提起诉讼，恳请贵院依法予以调判，以还原告诉讼请求之目的。

王玉明认为，目前自己因为这个纠纷而造成的损失是由村委会的过错造成的，谁的过错就应该由谁来承担责任。被告以及后来法院的认定都认为，1992 年调整土地时，争议土地由王玉明耕种这件事并没有落实，王玉明的损失是由王玉明自己的过错造成的。尽管双方对是谁的过错意见不一，但是，“谁有过错，谁承担责任”这条规则是被接受的，而这正是“谁投入谁收益”这条规则在责任分配上的相同原理的推论。

在王玉明看来，损失的产生，之所以认为是村委会的过错，除了因为没能落实他和唐大山之间土地调整以后应该获得土地以外，还因为，村委会没有平等地将儿媳妇已经划出的土地划回。对他而言，既然 1992 年调整土地不发生效力，划进土地要返还给村委会，那么，划出的土地也应该返还给自己。但村委会的理由是，从王玉明那里划出的土地已经“落实”。究竟什么是“落实”，双方对于这个词语有一个约定俗成的理解，实际上，村民和村委会之间签订了受法律保护的承包合同，就是落实。但让王玉明不能平衡的是，正是这个不平等的对待，“落实”了交出的土地，却没有“落实”划进的土地。显然，比较 1992 年政策调整前后王玉明耕种的土地面积变化，王玉明确实受到了损失。

其实，王玉明所要求的这种平等对待，在本质上与实体的分配正义无关。因为，经过人口变化以后，目前村委会调整土地后的状态，就人均耕种土地面积而言，并不一定是不公正的。只是，他需要在形式上获得一种平衡，使他对土地的占有恢复原状，维持一种占有的稳定状态。这种稳定状态也同样是唐大山所期待的，这也是为什么他会尽力维持这块土地的“未落实”状态。也就是说，村民和村委会都承认，通过《土地承包合同》，他们获得了类似所有权的土地权利，它不同于租种而产生的收益权，就像王玉明在 5 年期间耕种“未落实”土地所产生的权责那样。基于习惯，他们也更希望这种地权的占有是稳定的，从而具有相对独立的支配权。

（2）谁可以卖地

3—33 冯二河诉燕来村案中的故事也是关于土地承包的。争议的标的物是位于燕来村面积为 1 分的土地。1982 年第一轮土地承包中，这块土地由村民王东山承包。1996 年第二轮土地承包时，村委会与王东山签订了承包期为一年，实行一年一签的短期承包合同；同时，又以村委会订制的格式合同，和冯二河签订了承包期为 30 年的土地承包合同，但冯二河认为这次土地调整并没有补齐他在第一次承包时村里“欠”他的土地，所以拒绝签字，结果是村干部代他签订了承包合同。2001 年 5 月，村委会将这块地给了另一村村民刘书山作为宅基地，在此之前，该土地一直由王东山耕种。在刘书山办妥宅基地土地使用权证后，并开始挖房屋宅基地的时候，冯二河以该地为自己的宅基地为由，与刘书山协商，协商不成后将村委会告上法庭，要求判令自己和村委会订立的承包合同继续有效，或者取得该地的安置补偿费。最后，法院以承包合同为村委会订制的格式合同应该做出不利于合同订制者的解释为由，判定冯二河由村干部代签而订立的土地承包合同有效，按照冯二河的要求，判定村委会支付因刘书山将该土地用作宅基地而产生的安置补偿费。

与前面的承包案类似，村民将自己的村委会告上法庭，有一个共同的理由，即认为村委会未经同意地安排了“属于”自己的土地。但比前一个案例所牵涉的“落实”问题更进一步地涉及法律事实。这里冲突的核心问题是，冯二河和村委会签订的合同是否具有法律效力这个问题，这成了一个纯粹的法律问题。

村委会之所以试图将已经签订合同的土地分配给他人使用，是因为村委会认为争议土地是为村委会所有，曾经因为和王东山签订短期合同而由王东山耕种，在分给刘书山作宅基地时并没有发包给他人，因此可以自由处分。

至此，我们都是以村委会作为相对于村民的“公”来阐述这些案件，并没有区分村委会和代表村委会的干部，这个案例似乎说明，即使我们把村委会和村干部视为一体也并没有什么不妥，因为从村干部的表达来看，他们并没有把自己和村委会相区分开来。其中曾经涉及冯二河的土地承包合同的前村妇女主任就称：

> 冯二河现与村里发生纠纷的地，在 1996 年承包时是我填的合同，由我承担责任，冯二河不要找村里。

似乎这位村干部自己就可以代表村委会决定集体财产的处置，她并没有区分自己和村委会之间的关系。而另外，这位村干部表达了为村委会集体利益而担当责任的愿望，也透露着她对村委会的忠诚。

总之，这个案件纯粹是法律内部的适用问题。这两个案件中存在的公正原则的冲突，基本上可以分别看作法律和习惯之间的冲突、法律原则内部的冲突，是权利衡平规则在实际运用中面临的不同意见。

2. 成员身份

与承包权的问题紧密相关的，是在村民流动过程中而产生的承包权利益的变动问题。即村民的身份发生改变时，是否还能够通过承包土地、耕种土地来享受村庄的利益？享受或者不享受的根据是什么？如果享受，是否可以与其他普通村民一样平等地拥有承包土地的权利，或者是在满足其他条件的情况下差别性的享有权利？其背后所依据的公正规则是什么？

（1）身份与土地价格

1982 年 7 月，3—21 白庆敏诉国平村案中的白庆敏和公公唐德仁与国平村村民委员会签订土地承包合同，共承包土地 10.7 亩。1988 年，原告的户口关系随丈夫农转非。1989 年开始，国平村开始实行“两田制”调整土地，以白庆敏已经农转非为由将其 7 亩地收归村有。同年 4 月，在白庆敏的要求下，村委会将收回的土地重新交给白庆敏经营，条件是除各种税费外，另加收每亩 15 元承包费。而没有经过收回的 3 亩多土地仍由原告的公公按照 1982 年落实的方案承包。1990 年，村委会要求白庆敏按政策拿出 1 亩地作村委会的菜地，此时原告承包的土地为 6 亩。1992 年，村委会再次要求变更合同，将土地承包费增加到每亩 30 元，白庆敏拒绝了村委会提出的条件，村委会于是将原来由白庆敏承包的土地收回发包给他人。白庆敏在向各级政府多次反映情况而没有得到解决后向法院起诉。

不止村民之间存在因身份不同而受到不同的对待问题，而且在村民和村委会之间，也就是村庄集体对其成员，也存在不同身份的差别待遇，并且这种差别，在一定限度内是双方都能够同意的。本案中的原告白庆敏因为是非农业户口，承包土地的价格要高于其他一般村民（比如白庆敏的公公唐德仁）。

有趣的是初审的两次判决和终审判决之间存在的分歧，它们说明了人们看待这个承包事件的三种解释方式和规则冲突。

初审法院认为村委会单方毁约，违反了法律规定，对稳定农村经济政策不利。但由中级法院发回重审后，又认为，“原告是非农业人口，在承包合同没有约定期限的情况下，被告村委会作为发包方有权随时增加承包费和收回承包的土地，原告不同意增加承包费的义务，致使被告把收回的土地发包给他人，责任不在被告，而是原告自己放弃了承包土地的权利”，驳回原告的诉讼请求。二审终审的意见是，除了重复重审的意见外，首先强调“1988 年上诉人白庆敏及其女儿已由农业户口转为非农业户口，上诉人已不属于国平村村民，根据有关法律及政策规定，国平村有权将其承包的村集体土地收回”。

这三种意见分别是村委会单方违约，并影响农村经济稳定；白庆敏的身份为非农人口，且承包合同没有约定期限，村委会有权单方面改变承包条件；最后的终审法院则直接强调白庆敏和女儿的身份已经不是该村村民，村委会有权收回其承包的集体土地。

其中主要的规则冲突是，为维护稳定而坚持执行承包合同与根据村民身份的变动而免除其承包资格之间的冲突。而终审法院很有技巧地缝合了这个裂缝，强调根据身份改变而终止承包合同亦遵循了法律的规定，从而将承包法所主张的稳定和村委会进行的变动之间所产生的冲突直接归于专门的法律规定而解决掉了，暗示着法律体系内部存在冲突。

但村委会的做法和法院的意见也并不一致，它并不直接提出白庆敏的身份已经发生改变，因此根据“政策”规定没有资格承包土地；而是以单方面不断增加承包费的办法，“逼迫”白庆敏放弃承包权，同时还能够增加村集体的收益，这成了村委会做事的一种技巧。对于坚持几次提起诉讼的白庆敏来说，她不认为自己转成非农业户口就应该满足村委会提出的要求而再次增加承包费是公平的。一个前村党支部书记张的证词证明了这一点。

> 我1989年9月开始任国平村党支部书记，1991年白庆敏认为交款过多不合理，要求少交增加部分，未得到正面答复，当时我请示过区乡有关领导，回答是不能减，其理由是两田制是上面的政策。
>
> 1992年由于白庆敏未上交承包款，又由小组收回，另行转包他人。增加部分在这以后全村基本未收，后又取消增加款，两田制名存实亡。自这以后，白庆敏因当时的政策所迫而失去的这7亩土地，她的这一家也和我这个党支部书记结下了恨和仇，基本上是每年都要找我收回她承包的土地，而我认定是上面的政策，也无法做答复，因当事人也没有向法庭起诉，都不过是一起评几句理而已。
>
> 1996年我辞职在家，土地续包时这7亩土地又一次由乡村续包给他人（他人持有法定合同书）。
>
> 1997年我再次出任村党支部书记，真是不好当，兵头难做。工作一开始，因这7亩土地的问题，白庆敏与续包人发生了严重的矛盾。又一次找我处理此事，我再次请示上级乡长解决，并召开过村民会议。会议一致认为此事应由乡一级人民政府处理。而此后上级仍然未做答复。
>
> 1998年年底因各种原因，我再次卸职。
>
> 1999年当事人开始起诉，但被告是现任村长，被告要求我出庭证明，我写了一个土地收回的历史过程。

> 为向人民群众负责，向法律负责，我认为不管是原告、被告，因我是几个历史阶段的当事人，我都应实事求是地作好历史的证明。请双方都不要因我的直率而责怪我，因时间较长，如有记忆上的时间差可找我校对。

在张的证词中，并没有提到白庆敏农转非的事实，只是坚持说，向白庆敏的收费是坚持政策。而白庆敏认为收费不公，也是早已有之的事情。

对个体而言，这里仍然存在近似公民权的那种要求平等对待和宣称村庄集体利益而进行差别性分配之间的冲突。这里的要求平等对待与案例33—22王玉明诉榆树村案中王玉明要求土地分配的平等对待有所不同，那里并不涉及身份问题，是同等身份的村民之间的平等对待；但这两种要求的平等，都从根本上与平均分配无关。

还和3—33冯二河诉燕来村案有一点相同的是，村委会和村民之间的矛盾，已经在某种程度上被转化成了村干部和村民之间的矛盾，尽管村委会所做的决定都是以村民集体的名义表达的。张的频繁卸职、上任也足以说明在村庄中村干部工作的难度。

（2）可以是职工又是村民

1984年，3—23邓燕青诉富甲村案中的原告邓燕青承包罗家湾的田地2亩。承包后因自己耕种路途较远，便与村民范达成协议，由范耕种，并每年向邓燕青交付大米200斤。1990年，因村民刘不许范从自己的田埂经过，而范要耕种土地，刘的田埂是必经之路，于是范解除了和邓燕青的约定，邓燕青在自己耕种太远租借他人耕种又无可能的情况下，将土地交给了刘耕种。1999年，该土地被国家征用建设民族文化村。村委会从上级土地管理部门取得了安置补偿款准备统一发放村民，但没有发放给邓燕青，协商不成，邓燕青将村委会告上了法庭。村委会的理由是，这块责任田早在1991年就被国家征用，并且因此已经将邓燕青安排到市第二水厂成为该厂的职工，与邓燕青之间的安置费问题，根据国家规定：“安置补助费支付给农村集体经济组织，由农村集体经济组织管理和使用；由其他单位安置的，安置补助费支付给安置单位；不需要统一安置的，安置补助费发放给被安置人员个人或者征得被安置人员同意后用于支付被安置人员的保险费用”，邓燕青无权再获得补偿。这个案件的结果是邓燕青撤诉。

与前一个案例一样，对村民的不同身份应该怎样处置产生了不同意见。对邓燕青而言，他不认为自己在1991年被安排成国家职工就丧失了这块土地被二次征用时获得收益的权利。但在村委会看来，经过1991年国家征用以后，邓燕青就已经不是村民成员了，因此不能享受利益分配，尽管他仍然在村庄居住。

我们不知道在国家已经征用了这块土地的情况下，二次补偿费是怎么产生的。但是很明显，这块土地目前的权利归属是模糊的，受益者也不确定。在这种情况下，并且在村民的印象中，如前面几个案例所看到的村干部成为村委会代言人的情况下，在某种程度上，村委会和村民成为对上面（国家或上级政府）分配下来利益的两相对立的竞争者，村委会所得到的利益并不成为村庄的集体利益，而仅仅是村委会的利益。

村民一方面要求作为村集体代表的村委会平等对待，另一方面也在与村委会进行着利益竞争。这时，村集体的代理人为集体成员提供庇护的角色已不存在。在这些竞争中，除了没有出现对平均分配规则的主张以外，另一个显著特征是，无论哪一方，都没有对对方的道德方面提出任何的要求。村委会方面也没有对村民的服从——政治觉悟提出要求，这是与集体化时期区别最大的地方。而在村民和村委会各自代表自己的利益进行竞争时，在村委会将村集体财产承包给个人经营的情况下，更为明显。

3. 财产纠纷

（1）“道德低劣者”

3—38罗起光诉国正村案中的主人公罗起光从1995年以来在村旅游开发中参与了工程承包等项目，后因参加村旅游开发的投资者相继撤出，导致了村旅游开发工程等遗留问题。2001年5月23日，罗起光找被告国正村村民委员会要求结算其在村旅游开发中的工程费、人工费、材料费等遗留问题，经被告国正村村民委员会结算，原告在村旅游开发中拥有工程、人工、材料、餐费、医疗等费用78676.44元债权，国正村村民委员会为其出具了一张“欠款结算”凭证，并盖有被告国正村村民委员会的公章。但是村委会一方认为，这个“欠款结算”不能作为一种契约性欠据。协商不成，诉至法庭。

村委会不承认欠款，其理由可以从几份村干部的证词中发现：

证词一，原村党支部书记

关于给罗起光打欠条的前后经过。

在 2001 年 5 月 24 日，我们接到村原开发者李德通知到 G 市他家签订承包合同，我们是坐村小客车上车时才发现罗起光也在车上说是去办事，我村去 3 人，即李忱、张义和我，到李德家跟我审查合同一事。过了一会儿，罗起光拿出几张票据清单叫我给综合打一个欠条，说已经让村长文书给算了，这不干村里的事，他冲开发者要钱。我打了个哏，他俩说，给他写了吧，原始条我一张也没看，就把总数打了一张欠据。

此欠据的形成是完全没有依据的，也是我工作的严重失误，但因为以下几项原因不得不为。

1. 按当时情况，罗起光当天去 G 市，又说是与李德有话。还款也是李德认可。

2. 如果不打此条，罗起光也不能离开，对开发者也不利。

3. 我本人在这行人面前，吃过苦头，为了暂时安全也不得不给打条。

前期村遗留欠款，已在 1998 年 9 月 9 日村委会会议研究通过，凡在本村村民中属村工程款、材料款均在 9 月末前收齐入账，过期一律不负责，并说明凡欠条必须是任凯及主要当事人签字。此时已付罗起光欠条 3 张共计 25394 元，此款现已付清。1991 年 5 月份又经村委会协调，由李德付给他 5000 元，言明是顶还欠款，其实没顶。

此次所打欠据，除原来的 25394 元，其余都是虚的。

2003 年 10 月 13 日午后，法庭来我家取证，由于罗起光本人在跟前不便直说，情节稍有出入。

证明人：李正国

2003 年 10 月 21 日

证词二，现任村委会主任

我是国正村现任村委会主任，关于村民罗起光欠款结算问题，他起诉村委会要求立即偿还这笔欠款，这纯属滚打索要行为，具体情况如下。

在 2001 年 5 月 20 日左右，罗起光早上八点左右到村委会，向张会计说他不会算账，你把我这些账给我拢一下，张会计说，我不给你拢这些账，他说，与你们不发生关系，只是给我核算一下就行了，我说，既是这样，张会计你就给他拢一下，张会计再没说别的，给拢了，拢完后数字是8万多元钱，再没有其他说法，罗起光拿着他的单据走了。又过了几天，说有个开发者李德从G市来信，叫我们村委会全体成员去他家研究开发合同事宜，早晨坐国正村通往Y市的小客车，我们上车后发现罗起光也在车上，我问他，你到哪？他说我到Y市办事，但到了李德家后，罗起光也随之到了，我当时很不理解，我们今天跟李德研究村开发合同的落实情况，怎么他也来了，是什么故事，在没有研究我们村同李德的开发正事之前，罗起光向李书记提示他的这8万多元的票据怎么办，李书记为难了，你说怎么办？我和会计在场知道这其中利害，答应得给出个字样证明，不答应，村开发别想风平浪静，今天能在这个机会找上门来，意味深长，也同李德有一定关系，不知在这里演的什么把戏，看了这个情景，为了村开发顺利，我说就给他算一下吧，免得麻烦。具体李书记怎么写的这个欠据，我不知道内容，但说句在法律面前负责任的话，这个欠据完全是虚构的，李书记写这个欠款，是在邪恶面前、是在无办法的前提下才导致今天的结果，我们村委会都应承担这份责任，但是不管是什么责任，我们必须维护人民群众的根本利益，决不能让这种邪恶势力得逞。特此说明缘由，供法律明断。特此说明。

证明人：李忱

2003年10月21日

证词三，原村委会文书

关于罗起光欠据结算，证实经过如下：

一　2001年5月20日左右早（七八点钟）罗起光到村里办公室说：张会计你把我这些单据条子给我拢一下看有多少钱，我说道不给拢，罗起光又说我不识字不会打算盘，帮我拢一下，李忱说老张你给拢拢，罗起光又说我不会算账与村里不发生关系我跟开发者要，拢完以后8万多元钱，罗起光把单据条子全部拿走，我没有给打欠据。

二　关于打的欠据，问题当时是在李德家原支部书记李正国打的，当时罗起光让李正国打欠据时我知道这个事，打欠据内容我不清楚，章是李正国书记从我手里要的，是他给盖的。

证明人：张义

2003年10月21日

这三份证词的信息非常丰富，反映了村庄作为经济体所面临的各种困扰。就我们讨论的问题而言，它们试图说明在写这份法院认定为欠据的“欠款结算”时，是迫于当时的特殊情况，有即将投资的开发者在场，为避免冲突无奈之下的权宜之计，不能当真。其中暗示或明确地说出了对于罗起光本人负面的道德评价和如果不写出这个“欠款结算”所担心的不良后果，这构成村委会一方做出抗辩的主要理由。在他们看来，“欠款结算”近似罗起光和新开发者合作的一场阴谋，其目的就是要村委会承担罗起光在以往开发活动中产生的各种债务。

在他们的话语之中，罗的道德瑕疵、对村集体的危害是最重要的理由，因为“不答应村开发别想风平浪静”，这种用集体利益来对抗个人诉求的做法，在前面的案例中不曾出现。看来，当村委会土地使用分配者的角色不再扮演的时候，便成为一个单纯的经济实体，和村民之间在平等的地位上形成了竞争关系，恰恰是在这种情况下，在作为两个经济上有利益冲突的当事人时，“公”的一方反而要利用对私人的道德评价来竞争权利。

（2）公私投入的差别

在前面提过的3—15齐世明诉大雁村案中，谁投入谁收益的规则实际上得到了双方的同意和宣称，只是对投入财产的性质和因此产生的产权归属的结果有不同看法。村民一方不认为自己投入相对于村、乡政府的投入来说是更为次要的，相反，他们认为自己才是真正的投入者，“公”的一方的投入因此对于产权性质来说并没有优先性；而村集体一方的看法则相反，他们认为自己才是产权的所有者，也就意味着“公”的投入具有优先性。

因此，我们发现，在成员和集体的财产纠纷之中，其核心问题仍然是谁有权利的问题。但与之前有关公共利益的案件不同，这里的集体是实在的，并且他们对集体权利、利益优先性的宣称无法从法律中找到根据，特别是对公共投入与私人投入相区分的观念，并非是产权的逻辑，而是共产主义意识形态的逻辑。

二 衡平的依据

从以上这些案例中，我们能够发现，人们围绕着权利归属的问题展开竞争，而且这些竞争理由可以分为 3 种来源：法律、历史、身份。并且，深究人们对这些来源的具体宣称，我们会发现其中都包含着权利导向的衡平规则。

（一）法律的根据

在陌生人之间的平等关系中，公正的规则所判定的核心问题就是一个“谁有权利”的问题。无论是否涉及集体，冲突的双方都接受有约必守的信用规则，它既有法定原则也有道德原则所提供的正当性。冲突表现在是遵循法律形式主义的契约还是根据实质性的投入来确定法律关系、寻求合法性，并且这些争论都是在遵守法律的层面上展开的。在涉及集体的冲突中，个人的一方在分配正义方面会选择衡平规则，在维护权利的历史状态的程序正义方面也被个人所关心；而集体的一方，仍会主张集体优先，但由于集体主义作为一种道德规范或意识形态的瓦解，这种主张无法得到充分的支持。

这类关系情境下发生的纠纷，无论是在法律社会学的领域还是在法律史的研究中，都极少受到关注。其中的原因大概是它们太过普通，并不容易看得出“传统和现代”的剧烈冲突，也似乎不能突出中国文化的特殊性。但是，在法院处理的案件中，这种案件所占的比例却是支配性①的，它所产生的影响可以想象。法律就是通过案件来推进的，② 普通法的逻辑正因为不是通过理性设计而成为自然而然的动力。或许，在那些常被关注的疑难案件中发现的观念的扞格，正是通过人们在这些普通案件中的观念潜移默化的变化的积累而达成的。这些案件中的当事人诉争权利的最重要根据就是法律规定，而法律通常是最为讲求衡平的。亚里士多德以来的法律正义无不将之作为最为根本的原则，它同样体现于现代的法律制度中给正当权利以足够的保护。陌生人之间的纠纷最能体现这一点。

---

① 并没有严格地根据我所使用的分类标准发布的统计数字。但我曾对一个初级法院 1997 年到 2004 年审理的案件做过一个初步的统计，因陌生人之间的民商事合同而引发的案件占所有民事案件总数的一半左右。也正因为如此，合同法是从事民商事法律工作的人最经常使用的法律。

② 参见 Norman F Cantor, *Imagining the Law*: *Common Law and the Foundation of the American Legal System*, NY: HarperCollins Publishers, 1997。

如果将法律广义地理解为国家强制性执行的制度或规范，那么政策也在其中，甚至是更为有效、有力的“法律”。在成员和集体中间，承包权会因政策的变动而发生变更。土地调整的本质是重新按照人均份额分配土地，也就当然地与“谁耕种谁收益”的衡平规则发生冲突，这是许多关于承包权纠纷产生的原因。

广义地理解法律，那么村民自治的决议也同样具有强制力。村庄妇女要求耕种土地的权利，根据的也是衡平规则，但不给予她们这一权益往往是根据传统继承下来的习惯。这是两种“法律”之间的冲突。目前，广泛存在的“外嫁女”“女户”等诉争权利事件，正在试图撼动村民自治组织的决定。

1949 年以后的中国，土地制度经过了 1950 年到 1952 年“耕者有其田”的私有制改革；1953 年到 1956 年保留个人所有权的合作化；1958 年到 1978 年的集体化的人民公社制度变迁。20 世纪 70 年代后期的土地制度改革，家庭联产承包责任制的实行，结束了集体耕作、集体经营的时代，但土地的所有权制度仍然是以集体所有为主。家庭联产承包责任制根据“两权分离”的原则，将所有权和使用权分离，实行土地承包经营制度。这种制度在实践中曾经遭遇了一些运行的困难，比如在取消农业税之前的“三提五统”带来负担问题，土地承包权的转移收益被非法挪用的问题等，但这项制度的基本原理是真正将个人的收益和付出直接相连，也更符合一般意义上的应得法则。同时，它以制定法的方式表明人们可以依据法律规定来宣称权利，并因此而享受利益，这在人们争取土地利益的话语空间中增加了一个新的概念，就是有利益隐藏其后的“权利”，它接近于市场条件下的权利规则。

2003 年的《农村土地承包法》中，明确化其主旨是要稳定和完善以家庭联产承包责任制为基础的现行体制，主张保障农民长期而稳定的土地使用权，并具体规定了耕地的承包期为 30 年。土地权利的所有权和经营权相分离，在实践中，能够落实到村民手中的具有所有权性质的所谓经营权实际上具有双重性，表现为在以村民身份享受被分配的村庄土地耕种权的同时享受土地收益。因此，收益实际上可以转让，从表面上看，村民可以在享受村庄土地分配的同时出租土地。结果是土地的权利便表现为两种规则：根据村民身份享有；根据对土地投入而享有。

但是，土地的不动产性质和人口的流动性之间，在所有权上的“两权分离”方面产生了难以解决的矛盾，并且这些矛盾也很明显地反映到公正观念的冲突上来。因为土地并不是归家庭所有或个人所有，所以总是牵扯土地的再次分配问题。比如，当某一个家庭的人口增加时，是否应该获得更多的土地？如果某个成员农转非或者搬出了村庄，那么他相应的土地是否应该收回？对“外嫁女”（出嫁到外村的妇女）在本村是否享受利益分配的研究发现，在不同等级权威的共同作用下，即国家的法律规定和村民自治权力的共同影响下，“外嫁女”的身份形成了公民身份和村民身份的“双重定义结构”，其中，村民身份决定了真实的利益分配，公民身份仅具有象征性的宣称意义，并不影响实际的利益分配。[①] 但是，本书的研究发现，问题远远没有这么简单，特别是当确定哪些村民可以享受村庄的利益分配的决定权已经完全交给村庄自己决定以后[②]，真正的冲突恰恰来自村民和村委会之间的关于如何根据当事人的身份条件来决定地权的使用问题，因此发生冲突的不同意见都包含着不同的公正规则。这些规则冲突，既体现在程序上，也体现在实体上。

在程序上，涉及是否应该进行重新分配应该遵循谁的意见，是根据国家的法律规定还是根据村民中的多数意见的问题，也就是说，将这个决定权归于国家管理的范围还是归于村民自治的范围？实体上则涉及分给谁、怎么分以及分多少的问题。

（二）历史的作用

1—51 任县贸易诉李立国、白三案的当事人中的个人一方将宣称权利的理由诉诸历史，即认为所有权不会因为历史的迁移而发生改变。历史规则，它虽然看起来仅是一种形式的规则，但实际上维护的是分配初始时刻

---

① 王雯：《公民与村民：身份定义的双重结构——河北“外嫁女”事件的调查》，硕士学位论文，北京大学，2005 年。

② 有关确定村民身份的案件法院是否应该受理曾经引起不少的争论，不同法院的态度也不尽相同，甚至处于摇摆之中。争论的焦点有两个，一是村民和村委会是否可以作为平等的主体用民事诉讼法来规制；二是村民身份的确定是否属于村民自治的范畴，从而国家不应干预。但在1998 年以后，法院不受理的趋势逐渐明显，主要的根据是，村民身份的确定被归入村民自治的范围，不属于司法审判的范畴；有关补偿费等村民和村委会之间的纠纷，被认为是非平等主体之间的行政纠纷，应由行政部门确权。因此，本书涉及的这些村民与村委会之间的冲突，在 2000 年以后，已经很少能够在法庭看到，这无疑使人们更容易采用像上访这样较为政治性的方式来表达不满。

的规则，如果人们都接受了“谁付出谁收益”的衡平规则，那么历史规则就是要求前一个规则不会轻易地发生变动。从某种程度上来说，历史性就是权利本身的属性，它给了权利所有者可以自由处分权利以稳定的保障。有关承包权和身份的成员与集体之间的纠纷，其中，成员要求权利或分配利益的理由中，也有历史的要素，即过去的耕种者不应该、不合理地丧失耕种的权利。

（三）身份的支持

梅因将现代性法律转型的本质总结为从身份到契约的转变，伴随以整个社会结构的转变。在我们的案例中，身份还依然占据重要的位置，但已不大具有国家层面上的法律支持。除了村民身份以外，村委会（村级干部组织）身份具有某种特殊性，使之能和权利衡平的规则产生冲突，它在某种程度上还依赖于集体优先的意识形态。

村委会作为基层的政府组织，实际上是以两种身份与村民发生关系的；而由于国家安排的建设事业，村民也面临着强制性的新身份的转变。村委会的身份：一种是安排土地分配、各种税费的收缴、政策的传达和落实等公共事务；另一种是作为一个经济组织，安排非农业生产的营利性活动，参与市场竞争。张静教授的研究将这两种身份曾概括为管理者和经营者，从结构的视角，区分了基层政权的这两种政治和经济角色，并将其与公社时期进行比较，认为经营者的角色实际是在村级政府支配土地以及其他地方性公共资源的能力和自由度增大的情况下而发展出来的新角色：公共资源的垄断经营集团。①

以上案例中发生的这些纠纷，正是村委会以这两种不同的身份与村集体成员发生的。但在村委会作为经营者的身份中，案例中所展现的不是村委会在作为一个经济实体参与外部的市场竞争时的情形，而是当村委会试图支配村集体的土地以通过村民成员的劳动而赢利时和村民之间产生的纠纷。这种身份介于管理者和经营者之间。

在前一种村委会的身份条件下，当它与村民之间产生纠纷时，倾向于主张法定原则，并且在政策变动的情况下具有了一种灵活选择是否采取切实行动的权力，它可以积极地促成政策的实施，也可以任由村民自

① 张静：《基层政权——乡村制度诸问题》，上海人民出版社2007年版，第48—49页。

行约定土地的使用。但当政策再次发生变动时，如果发生纠纷，它又可以利用国家意志来宣称自己行为的合法性；而村民，无论是普通村民感到自己的权益受到侵害还是身份发生变化的村民试图争取权益，他们都追求一种平等的对待，要求遵从以往的习惯。村委会一方并不以集体的名义发言，不以公私对立的道德性评价来否定个人的诉求，而仅仅是坚持宣称政策或法律。但是值得强调的是，没有人宣称平均分配的规则，并不是人们不承认这个规则，而恰恰是因为在村庄土地的分配方面，平均分配占据基础性地位，是被一致承认无须言明的。它不是劳动所得的平均，而是基本生活资料占有的平均，这在结束封建化的土地制度以后一直没有改变。

当村委会以经营者的身份出现时，它与村民形成了一种民法意义上的利益竞争关系。这时我们发现，村民的一方要求按照法定或一般法律原则处理他们之间的纠纷，以法律来宣称自己行为的正当性；而村委会，村干部作为其代表，反而会强调自己的“集体”身份，会对村民的行为产生负面的道德评价。在他们看来，集体优于个人是个人行动应该遵循的规则，尽管这个规则在纠纷中已经不被个体所承认了。总之，谁付出劳动谁就应该获得收益的规则在个人一方占据了主导地位。

如果我们跳出纠纷中竞争双方的微观层面，我们还会发现另一个维度，就是国家政策的变动给村庄生活带来的影响。沃尔德（Walder）曾发现,[①] 在毛泽东时代，资源的分配激励了服从。但从这些案例中，我们看到的反而是资源分配的变动产生了冲突与不服从。被用作增加土地流转和资金流转进而增强基层政权控制公共资产地位的“两田制”就是一个典型的例子。[②] 一方面，它增加了村民和村委会之间交易的可能性；另一方面，来自上层的政策的变化本身带来了不服从的习惯。其结果是村委会虽然有了利用政策不稳定的机会，从而在其中增加获益，但是通过村干部的行为，人们将逐渐丧失对基层政权的信任。在这之前，那种绅士性质的地方权威早已经衰落，现在那种非政治的熟人社会的友好关系中的庇护与

---

① Andrew G., Walder, *Communist Neo-traditionalism: Work and Authority in Chinese industry*, Berkeley: University of California Press, 1986.

② 张静:《基层政权——乡村制度诸问题》，上海人民出版社 2007 年版，第 63 页。

依赖[①]也在松懈。如果从基层组织化的角度来看，正如周雪光所看到的那样，在村内层面上的合作基础正在变得脆弱，从而重新思考地方法团主义是有必要的。[②]

三 公与私

(一) 两种传统意义上的公

1. 作为道德属性的公

“立公灭私”“崇公抑私”“大公无私”等这些词汇，都曾经和伦理道德给予的合法性一起成为政治标语中的核心要素与渊源。公私观念的讨论无论在伦理道德还是在政治思想领域，对它的关注始终没有间断过。伴随着学理上的义利之辨，天理、人欲的讨论，从先秦到春秋，从宋明理学到清代黄宗羲的政治思想，从集体化时期到改革开放以后，公的价值在意识形态领域都是高于私的。

陈弱水[③]总结了在这一历史变迁中“公”的观念和它的现代形式。他将中国古代已有的不同意义的“公”分为5种类型，并且这5种类型中，即使是描述性的“公”也都具有价值判断上的关联。这5种类型为以下内容。

第一，政府或政府事务之意的“公”。

第二，“普遍”“全体”之意的“公”，它的内涵复杂，不只是朝廷、政府，而且及于国家、“天下”，甚至人间宇宙之总和，基本上是规范性的概念。以公为好、以私为恶的价值在一般民众中根深蒂固，但在唐汉间这个观念基本上只应用于政治领域，以按照儒家的传统要求君主和官员；另一个伦理含义是平等、平均，即“平分”。

第三，“公”直接代表“善”或者世界的根本原理——如义、正、天

① 参见 Jean C, Oi, *State and Peasant in Contemporary China: The Political Economy of Village Government*, Berkely: University of California Press, 1989; David, Wank, *Commodifying Communism: Business, Trust, and Politics in Chinese City*, New York: University of Cambridge Press, 1999。

② Xueguang, Zhou, “Rethinking Corporatist Bases of Stratification in Rural China: Observation and Reflection from Villages”, a paper to be presented at Yale Conference on “Creating Wealth and Property in Contemporary China”, 2005.

③ 陈弱水：《公共意识与中国文化》，新星出版社2006年版，第71—117页。

理，不必然是普遍的福祉或普遍平等，只要是正确的道理，就可以是“公”，这种观念是从类型二的“公”中演化而来的，流行于宋明理学，是没有私欲的状态，要比类型二抽象。

第四，是对类型二、类型三的反对，“公”是个别的“私”的满足的汇合，这来自明清之际顾炎武、黄宗羲等大思想家的观念，这就解除了公私的对立，进而确认了“私”的正面意义，但这种观念并没有成为主流。

第五，“公”的基本意涵是“共”，包括共同、共有、众人等义，与“私”也没有尖锐的对立，这种含义出现在三种场合：第一是政治领域，最重要的词语是“公议”“公论”和“公愤”；第二个领域是家族或宗族，来表达公共财产，比如“公田”；第三个领域是一般的社会生活，比如“公所”“公会”等。

陈弱水在类型二的讨论中，特别提出了法家在这个意义上与儒家、墨家以及其他家之间的不同之处，他说：“法家的‘公’，不具有类似普遍人间幸福、普遍人间道义的理想性意涵，它基本上是指君主或国家的规定和利益。”又与类型一有所不同的在于，它虽然“没有超越性的普遍涵义，但已经具有国家全体主义（state totalism）”的意味，“只是法家的‘全体’是以战国国家为范围，以君主为代表，不同于现代国家全体主义经常伴随着党组织、领袖崇拜以及披着科学或哲学外衣的统治意识形态……《韩非子・五蠹》是如此定义‘公’的：‘古者苍颉之作书页，自环者谓之私，背私者谓之公，公私之相背也，乃苍颉固以知之矣……’”①

中国古代的“公”的意思随着历史发展的各个阶段出现了几次大的变化，直至今天，“公”在不同领域和不同场景之下，根据关心的不同问题、思考的不同路径都有着不同的讨论空间。不过，“公”作为一种价值判断，被以工具理性的方式最为有效利用的仍然是在政治领域，并且，尽管儒家的“公”直到新儒家的宋明理学都具有更为普遍化的正当性意涵，但是真正被实践的是第二种类型中法家对“公”的阐释。二者的结合就是在实践了“国家全体主义”的同时，通过宣称类型二中儒家、类型三中“公”的内涵来提供正当性。

在现当代实践的结果就是政治运动中这样一种混合的“公”与集体主义之间的结合，这种结合在不少政治运动中的纲领性文件中都有所体

① 陈弱水：《公共意识与中国文化》，新星出版社 2006 年版，第 81—82 页。

现。《论共产党员的修养》（1939 年 7 月）是中国现代政治史中颇为重要的文献，其中引用毛泽东的话来揭示“公”的原则，从而将“克己奉公”“大公无私”这些传统词语与对革命中共产党员的政治要求结合起来。[①]而在集体化时期，公社制度的建立就使“公”的观念更加强化了“集体主义”的这一意识形态的正当化。

2. 作为经济平均主义的“公”

沟口雄三在讨论中国人的思维世界时，从“天”这个概念入手，发现在中国人的思维境界中，“天”具有公理性的规范意义。[②]

> 在中国，皇帝或朝廷一方面是公的存在，另一方面从天或天下的角度来看，它又是一姓一家之私。由此看来，位于中国的公的最高层面的是天，这个天的公作为天理的公，是连皇帝都应顺从的最高存在。这个天理的公，进入近代以后屡被称为公理 。这个公理是世界上任何国家都应服膺的最高的、普遍的规范。强烈主张公理的一人便是被称为中国革命之父的孙文（1866—1925）。孙文的三民主义（民族主义、民权主义、民生主义）便是他主张公理的体现，其中的民族主义主张民族平等与独立的公理。平等观念是作为欧洲近代思想传入的，但从另一方面还应看到，在中国，从古代开始，天的公就内在地包含着这一观念。这是必须要加以注意的……中国的天具有所谓人之生存的“均”的调和观念。这一民生主义大致可以说是追求经济的平等。这里应该注意的是，这一经济平等的追求，对于人来说，是自然要求；此外，从道德之条理来看也属正当，从政治角度来看也是安定的需要。就是说，这个公理贯穿自然、道德、政治；对于政治来说，其道德性的“当为”显然占有优先的地位。这样两个特点贯通了天谴性的天与天理性的天。

也就是说，在对“天”赋予至高价值的情况下，“公”所具有各个层面上“均”的含义，首当其冲的在于保证均等的生存。孙中山的三民主义中的“民生”的核心意义也在于此。由此看来，这一政治纲领能够得

① 陈弱水：《公共意识与中国文化》，新星出版社 2006 年版，第 114 页。

② 参见［日］沟口雄三《中国的思维》，中国社会科学出版社 1995 年版。

到当时的拥护也与它能够和传统规范结合起来有关。因此，在一定程度上，中国古已有之的平等观念就与西方的平等观念得以区分开来。与罗尔斯正义原则中政治权利的平等和经济、社会权利的差别恰恰相反，古代中国的平等恰是经济上的。沟口雄三在随后讨论“公”这个概念时，比较中日两国之间的差别，认为中国的“公”中所含有的公正、平等的原理性含义是中国所独有的。比如，在《说文解字》中引先秦《韩非子·五蠹》的话，将公解释为“平分”，将“私”解释为“奸邪”。

当然，和中国古代的许多关键性概念一样，“公”中所包含的意义是综合性的、多维度的，囊括了道德、政治和经济等各个领域。而这里我所强调的是经济领域的一种平分的价值取向，它意味着从集体向个人的分配，在生存的物质层面上要求平均分配。这种分配规则和生存层面上的按需分配往往具有很大范围上重叠的含义，它是以保证一个大致的生存需要而采取的平均分配。

（二）公共利益与集体主义

1. 公共与集体

显然，在本章中，个体对集体的案例表明，以“公”的观念为基础的“集体主义”充当诉求正当化理由的力量已经明显被削弱了。只有“集体”自身还希望能够使之发挥实质性的作用，而包括作为“公共机关”的法院也并不以维护集体利益为判断的依据，但仍然会去确认“公共利益”。这表明“公”的意涵已经开始趋向于第四种“公”，也就是说，并不将“公”与“私”对立起来。除了在法律上具有财产的所有权以外，就价值判断而言，可能会优先考虑“集体”的利益，但并不是集体本身更为优越，而是因为集体的一方是多个个人的总和，公共利益是多个个人利益的加总，这已经开始接近西方“公共”的意涵。陈弱水所讨论的第三种类型的“公”正在形成。

在1—49季喜彤诉曹旭强案中重审法院的判决中，首先声明根据双方的调解意见确定所有权属个人的季喜彤一方所有，同时又确认集体决议做出的出售门洞给残联的决定理由是为了公共利益，与初审判决大意没有不同，但存在一个微妙的差别。在第一个判决中，法院认为“它不应属于某一个人或单位所有，也就是说，大家享有使用权的该门洞，任何个人或单位无权处分”，在重审判决中则直接阐明“原、被告争议的门洞所有权属公共设施，应属该楼居民及在该楼的办公单位共有”。强调的是，对门洞的共有人中包括了季喜彤，也就是说，以往享受门洞的共同利益，现在享受取暖这一共同利益的人中也包括了季喜彤，这一公共利益，是所有这些个人利益的叠加，门洞具备“公益性”而非“集体”（大家）所有。

在作为陌生人的个人与集体（或多数人）之间，作为意识形态的“集体主义”支配利益分配的力量已经十分微弱了，这一进程显然不是刚刚开始的。阎云翔通过对新中国成立以来私人生活领域变革的研究，已经证明了某种个人主义正在兴起的现实①。而只有当集体的利益是个体利益的叠加从而集体利益不具有道德优势时，个人与集体、大集体与小集体才可能在意识形态之外的法律层面上平等地竞争，便不再存在集体“主义”。那么，以集体主义—个人主义这一模式来探讨中西方分配正义的差别，至少在经验的层面上，其可行性是令人怀疑的。

在成员与集体关系的案例中，作为村民的当事人没有宣称平均分配的平均主义，作为经济平均主义的“公”，基本上没有得到支持。而是在像承包权和有关村民身份这样的案件中，人们要求村委会做到相同情况一致对待，这更具有形式上的意义，是一种公民身份上的平等。在这种平等的形式之下，是按劳分配的权利衡平规则，而不是按需分配或平均主义。人们希望通过劳动付出和历史权利的理由来获得利益。

但是，之所以有这样强烈的主张，可能并非源于现代法制，而恰恰是集体化时代，宣称集体利益优越性的同时，“等价交换”“按劳分配”的分配制度带来的影响。

2. 集体化与按劳分配

1958 年开始的人民公社运动，意图将“公”的范围扩大。在经过大约一年的时间以后，官方报道便称：“人民公社化在全国范围内已基本实现，全国 74 万多个农业生产合作社改组成了 26000 多个人民公社。参加公社的有 1 亿 2000 多万户，占全国总农户的 99% 以上。”② 人民公社的特点就是“一大二公”，意味着一个共同体的地大人多，集体化、

---

① 参见阎云翔《私人生活的变革：一个中国村庄里的爱情、家庭与亲密关系 1949—1999》，上海书店出版社 2006 年版。

② 何永棋编著：《人民公社土地规划问题》，农垦出版社 1959 年版，第 1 页。

社会化程度高。公社化的目的在于加速经济发展，将社会生产的各个方面结合起来进行统一管理。这一公社化的过程，也是农民将已经分配为个人保有的土地一次性充公的过程，以达到迈向共产主义公有制的目的。1958 年 8 月 13 日，《人民日报》的《毛主席视察山东农村时对办人民公社的指示》："当谭启龙回报说历城县北园乡准备办大农场时，毛主席说，还是办人民公社好，它的好处是，可以把工、农、商、学、兵合在一起，便于领导。"

即便如此，在中国农村，多种所有制形式一直存在，并且与城市不同，集体所有制一直是主要成分，所有制结构大多实行所谓的生产资料的三级所有制。

> 根据党的八届六中全会的决议和以后中央的一系列指示，确定了目前阶段的人民公社实行生产资料的三级所有制，生产队一级的所有权是基本的，公社一级的所有权是部分的，而生产小队也应该有小部分的所有权。……为什么要实行三级所有制？又为什么生产队一级的所有权是基本的呢？一个主要的原因，是由于各个生产队之间的经济力量存在着相当的差别，经济条件也相当悬殊，各队的生产能力和收入水平也有高有低。过去的农业社有的较穷，有的较富，实现公社化之后，一般的农业社会变成为人民公社的生产队，这就带来了人民公社各个生产队之间的穷富差别……在人民公社各个生产队的相互关系上，要贯彻等价交换的原则，而不应当对物资、劳动实行无偿调拨。①

从上文可以看出，这种所有制结构和消费分配的制度一起，都源于马克思主义的共产主义理论，即将社会主义作为共产主义的初级阶段，将按劳分配、等价交换作为基本的分配规则，并且在客观上承认差别。相对于更可能盛行"大锅饭"、绝对平均主义的城市工厂，与那种绝对平均分配的印象不同的是，在农村社会，至少就制度设计看来，平均主义并不是主旋律。但其平均主义的分配规则可以从消费分配的环节表现出来。作为

① 中共贵州省委宣传部编写：《人民公社的政治经济问题》，贵州人民出版社 1959 年版，第 11—12 页。

“卫星社”——遂平县所在的信阳地区存在的分配形式，大致可以概括当时的分配规则。它的基本制度有两个方面：工资制和粮食供给制。

> 实行工资制和粮食供给制的基础是全体社员“各尽所能”。每个社员都应该自觉地遵守以下的劳动纪律：（一）积极参加劳动；（二）爱护公共财产；（三）保证工资质量；（四）服从指挥调动；（五）自动进行协作。①

这两部分也可以说是按劳分配和（生存意义上）按需分配的结合。按劳分配在当时依据《哥达纲领批判》仍然属于“资产阶级式的权利”，但是与资本主义逻辑不同的是，人们因为“平等的尺度——劳动”而有平等的权利。更重要的合法性理由，则与当时的公社化运动的目的相一致，即“按劳分配可以使每个工作者从个人物质利益上去关心自己的劳动成果，促使非熟练工作者不断上进，刺激劳动者提高文化水平和技术水平，使脑力劳动和体力劳动间的本质差别逐渐消失”。所以，承认差别正是为了消灭差别，在这个问题上，等价交换这个“资产阶级式的权利”也是为社会主义服务的。② 而供给制部分，则是以一种平均分配物资的规则，部分地实现了共产主义按需分配的理想。

同时，值得注意的是，在这种分配制度的设计中，对个人的“政治觉悟”提出了很高的要求，整个分配制度要想达到预期的效果，是以个人的“自觉性”为条件的，这成为公社制度终结的一个深层次的原因，这意味着政治意识形态的有限性地位。

另外一个颇为有趣的现象是，在公有化的过程中，为了解决具体的个人财产充公问题，自然而然地确立了“投资”观念的正当性。1958 年 9 月 4 日的《人民日报》社论文章“从‘卫星’公社的简章谈如何办公社”，将遂平县这个最早实现公社化的“卫星人民公社”作为标杆向全国推广，并在文章后附上了该县公社化的行动纲领——《卫星人民公社试行简章（草案）》，其中写道：

---

① 中国人民大学农业经济系编：《人民公社参考资料选集》（内部资料）1958 年，第 12 页。

② 王眉征：《人民公社的等价交换》，江西人民出版社 1960 年版，第 7—8 页。

在已经基本上实现了生产资料公有化的基础上，社员转入公社，应该交出全部自留地，并且将私有的房基、牲畜、林木等生产资料转为全社公有，但可以留下小量的家畜和家禽，仍归个人私有。社员私有的牲畜和林木转为全社公有，应该折价作为本人的投资。

单干户加入公社，除了留下小量的家畜和家禽以外，应该将全部土地、牲畜、林木、大农具等生产资料转归公社所有，这些生产资料，要按照原农业合作社的规定，折价抵交股份基金，多余部分作为本人的投资。

在公社化早期的这些具体措施中，无论从所有权结构、消费分配还是对少量私有财产的处理上，都没有一刀切地全部实行公有化，并且在一定程度上保留了个人私人财产的处置权利。特别是“投资”这个带有“资本主义”色彩的概念可以在正式的制度安排中出现，在很大程度上对其赋予了合法性。以按劳分配为核心的规则并辅以按需分配的分配制度，给人留下的印象并不像转型论者所假定的那样相对于市场经济社会主义的分配原则是平均主义的，而是相反的，二者之间存在共同之处，其基本的原理也同样符合衡平规则。

但是，无论如何，集体化时期所盛行的这种分配公正都与传统的经济平均主义的“公”之间不可避免地存在张力。传统的公在生活资料方面是一种公理性的平均主义，它更像一种朴素的运气均等主义；而集体化时期的经济领域的按劳分配基础，是以个人对超出了家庭边界的集体付出劳动的多少来确定收益的，更接近于所谓的资产阶级的贡献法则，而不是共产主义性质的按需分配，也不是小农经济条件下的平均分配。按照马克思主义者的解释，这是一种共产主义初级阶段的必然状态，它在客观上促进经济的发展，为共产主义的实现积累财富。

但它和传统以及共产主义理想社会之间也并不完全冲突，这种一致性就体现在行政化的经济安排中的供给制部分上。以满足基本生存之需的、采取平均分配的粮食供给制，虽然在制度上还对成员规定了道德上的要求，但在实践中，道德要求是否被满足是无法衡量的，因此，经济生产的积极性也并不能像预想的那样得到促进，结果产生了“大锅饭”式的平均主义的盛行，因此才有了后来的提出反对和遏制平均主义的上级政府

“一平二调”[1] 管理办法的实施。

因此，在集体化时期，对平均主义的理解应该区分制度的方面和实践的方面。那种社会主义时期的平均主义印象并不是制度安排的核心主张，而是非核心的供给制和传统习惯的共通之处为人们在实践中呈现出平均主义的现象提供了根据。

---

① 1959年2月27日至3月5日的第二次郑州会议上，毛泽东专门针对人民公社所有制、平均主义和过分集中问题发表讲话。一平二调指的就是“否认价值法则，否认等价交换，实行贫富拉平，平均分配；对生产队的某些财产无代价地上调；银行方面，也把许多农村中的贷款一律收回，即‘一平、二调、三收款’”。会议的宗旨就在于重申三级（公社、生产大队、生产队）所有制相区别，强调生产队所有制，主张放权和按劳分配。

第五章

基于义务的衡平

本章探讨第二大类的关系情境中人们所选择的公正规则。与以权利为核心展开辩论的疏远关系不同，义务（角色义务和法律义务）在较为亲近的关系中处于中心位置。在本章讨论的 24 个案例中，属于家庭、亲缘关系的有 15 件，属于邻里关系的有 9 件。

一　亲缘关系中的义务衡平

为了更清楚地建立针对性，本章首先对制度和伦理规范在家庭关系中所主张的财产分配公正规则做一个梳理，然后再进行案件的分析。

（一）需要规则：制度与理想中的公正

1. 制度中的继承与赡养

1950 年的《婚姻法》是新中国成立以来最早颁布的部门法，其中规定了“夫妻有互相继承遗产的权利”“父母子女有相互继承遗产的权利”，确立家庭私有财产的法律地位。1985 年的《继承法》则去除了这种笼统的说法，给出更为详尽的规定，包括继承的范围、顺序、种类，等等。并且提出了遗嘱和遗赠的优先性，也就是强调了尊重被继承人个人意志的优先性。

对于家庭财产的结构而言，通过 2001 年修正案的 1980 年《婚姻法》区分了夫妻共同财产和个人财产，这意味着，传统的家庭共同所有，或父家长所有①都已经不能用来描述制度规定当中现代的中国家庭财产所有制

① 参见［日］滋贺秀三《中国家族法原理》，张建国、李力译，法律出版社 2000 年版。

形式，也并不在制度上“否定个人财产”[①]。而继承制度正是这一所有制结构的必然产物。

继承，必须在被继承人死后进行，实质上是对被继承人个人财产在其死后进行的分配安排；这与中国分家传统不同，分家要按照一定条件在父母至少有一方健在的时候进行，所进行分配的财产就不能确定属于个人财产。现代家庭制度不再规定分家，并且在这样的区分夫妻共同财产和个人财产的制度中，“分家”就很难做出强制性的规定。老人的赡养与分家是紧密联系在一起的。当今的法律中没有规定分家，但赡养却仍然是家庭法律制度中很重要的一部分内容。

费孝通认为，中国家庭中赡养形式与西方有重大的不同，西方社会表现为一代传一代的“接力”模式，而中国则是“反哺”模式，父母养育孩子，孩子在父母年老时反馈报答他们。[②] 如果不考虑情感，“反哺”模式更接近于一种对等的交换关系，也就更接近衡平规则，而不是需要规则。

当今的法律制度的安排似乎也契合了这一模式。1950 年的《婚姻法》规定：父母对于子女有抚养教育的义务；子女对于父母有赡养扶助的义务；双方均不得虐待或遗弃。1980 年的《婚姻法》基本上继承了这一法律规定，但在第二十一条，对于父母与子女之间的权利义务关系却做了如下的规定：

> 父母对子女有扶养教育的义务；子女对父母有赡养扶助的义务。
>
> 父母不履行抚养义务的，未成年的或不能独立生活的子女，有要求父母付给抚养费的权利。
>
> 子女不履行赡养义务时，无劳动能力的或生活困难的父母，有要求子女给付赡养费的权利。

一方面，它肯定了父母和子女之间的抚养与赡养是一种法定义务；但另一方面，这种义务又不是绝对的，如果父母想通过法律途径来获得子女

① Myron L. Cohen, “Family Management and Family Division in Contemporary Rural China”, *The China Quarterly*, 1992, No. 130, pp. 357 - 377.

② 参见费孝通《家庭结构中的老年赡养问题》，《北京大学学报》1983 年第 3 期。

义务的履行，还必须满足一定的条件，即他们得是“无劳动能力的或生活困难的父母”。

这一附加条件，使得当今的子女对父母的赡养并不像传统法律中规定的那么具有“反哺”的强制性。[①] 但是它也不同于民国时期的法律制度。“个人有义务赡养其双亲及其他相近血亲，不是像欠了债该这样做，而是为了不让他们成为社会的负担……他们只有在财力和收入允许的情况下才得这样做；父母亲也只有在他们自己的财产和收入不足以自存时才有权要求接受奉养”。[②] 这种规定其实更接近许多现代国家的扶养制度，“扶养请求权人以不能维持生活及无谋生能力为限，故有生活自治能力或有生活来源的人不得享有请求扶养的权利……扶养义务人须以有扶养能力为限”。[③] 而现行的法律中并没有考虑子女的承担能力，就像并不考虑父母是否有负担抚养子女的能力一样，[④] 国家制定这样的法律有家庭作为社会福利部门的考虑，也可以从需要规则的角度来理解。

“需要”可以从两个方面来理解。一方面，需要可以是生存逻辑的体现，也就是为生存之需而进行分配；另一方面，需要也可能是兴趣、欲望之需，或者按照功利主义来说，是一种对幸福（pleasure）的需要，根据人的喜好来分配，也可以是需要规则。显然，这里的赡养制度安排更符合前者的情况。

看来现行的赡养法律制度类似这两种制度安排的一种中间状态，按照费孝通的分类，则是“接力”模式与“反哺”模式的两相让步与结合，也就是衡平规则和需要规则的一种混合。这也意味着与父系秩序相一致的“孝”的伦理道德与截然相对的财产权利逻辑的一种中间状态，立法者把可能的调和策略留给了司法中的实践。

2. 家庭理想

尽管“反哺”模式在近来的学术研究中，时有受到实证研究的质

---

① 传统的法律并没有直接规定子女必须奉养双亲，因为这本是不言自明的道德规范“孝”的实质性内容，因此，清代的法典把儿子未能奉养双亲规定为一种犯罪。参见黄宗智《法典、习俗与司法实践：清代与民国的比较》，上海书店出版社 2003 年版，第 136 页。

② 黄宗智：《法典、习俗与司法实践：清代与民国的比较》，上海书店出版社 2003 年版，第 137 页。

③ 陈苇主编：《外国婚姻家庭法比较研究》，群众出版社 2006 年版，第 555 页。

④ 但在祖孙之间的抚养和赡养，以及兄弟姐妹之间的扶养则对扶养人的承担能力给予了考虑。参见《中华人民共和国婚姻法》第二十八、二十九条。

疑——比如黄宗智对清代与民国档案的考察就发现这一模式在司法实践中的局限——但是，“反哺”模式与中国儒家传统中累世同居、和睦融融的家族理想却是一脉相承的。[①]

这个理想直接对应于传统社会“父慈子孝，兄友弟悌”的道德想象。而在这个道德理想中，一方面是处在下位的子、弟要遵从上位的父、兄；另一方面是处在上位的父、兄必须要严格按照符合其位置的道德原则行事，所谓父慈、兄友，才能子孝、弟恭，同样的逻辑也同样符合于君臣之间。对此以及其中所产生的价值冲突，已经有不少相关的讨论。黄俊杰和吴光明将这两个方面概念化为“份位原则”和“行事原则”。“‘份位原则’要行为者必须尊重其父亲或老师，不论他的父亲或老师的个人实际行为是否值得尊重；而‘行事原则’则要求每个人，应该只就父亲或老师是否值得尊重的这一点，来决定尊重与否，而不论其社会地位。”[②] 那么，这种道德想象与逻辑是否还作用于当代人们的观念呢？是否对儒家学者们不屑于谈论的利益分配（“利”）也发挥着重要的作用呢？

对家庭规模而言，传统儒家的理想是累世而居的大家庭，所以，《史记·商局列传》记载的秦穆公时期的规定，“民有二男以上不分异者，倍其赋”对传统大家庭究竟有怎样的影响，曾经引起很大的争论，究竟是商鞅的法令破坏了古代的大家庭风尚，还是古代的中国社会本身就以小家庭为主，因而，商鞅的举措不过是以中国之俗易戎狄之俗，远谈不上破坏。[③] 其实，家庭规模的大小是与其经济状况紧密相关的，就中国小农经济的传统而言，在一般的水平上不可能维持、经营几世同居的大家庭，大家庭理想只能在王公贵族、经济殷实富有之家才可能实现。商鞅的法令有利于增加家庭的数目，以提高农业生产和增加税收，但却不利于维护父家长制和儒家孝道秩序，尽管它并不否定这种秩序。所以，在亲儒家的统治中，“父母在，别籍异财”（《唐律·名例律》）在唐代就成为“十恶”中的重罪。这说明了道德理想与政治制度之间的紧张关系。

无论如何，大家庭本身被赋予了正面的道德价值，尽管这一理想在以

① 参见黄宗智《法典、习俗与司法实践：清代与民国的比较》，上海书店出版社 2003 年版。

② 黄俊杰、吴光明：《古代中国人的价值观：价值取向的冲突及其解消》，载沈清松《中国人的价值观——人文学观点》，桂冠图书有限公司 1994 年版，第 9 页。

③ 张国华：《中国法律思想史新编》，北京大学出版社 1998 年版，第 225 页。

小农为主的社会中并不总能实现。也就是说，分家，或者是律令的安排以增加“国家”的利益，或者是一种符合生存伦理的行为，那么，分家也就不可能是以分配财产（权利）为目的，而更可能的情况是，除了避免兄弟之间争财不睦以外，分担义务也应该是其中重要的目的。可以说，如果不考虑国家的利益，分家行为本身接近于需要规则。这样一来，传统理想的“反哺”模式，由于受到生存伦理的影响，本身就存在张力，在规则上体现为衡平规则与需要规则之间的冲突。如果分家的兄弟不能认同这种责任的分担，后果就是父母无人赡养；因大家庭难于维系而进行的分家，反而不能实现分担赡养的责任，那么“反哺”模式就受到破坏。

3. 现实存在的问题

传统的影响，特别是在意识形态领域是无法估量的，有关家庭的道德理想，已经成为中国文化传统中最为根深蒂固的精神依托，春运期间的返乡大潮，就是它的一种表现。似乎主导家庭生活乃至财产分配的仍然是家庭关系中的角色期待与道德规范，法律在日常生活中似乎无法扮演什么重要的角色，因为，如果哪个家庭被获知没有做到这一点，还是会像传统社会那样，降低对他们的评价，所谓“家丑不可外扬”。

在家庭类案件判决书中，法官也常有“赡养父母是中华民族的传统美德”或者“兄弟姐妹之间应该和睦相处”等道德训诫的表达。在开庭审判或调解中就更是如此，法官既不会用法律中做了如何规定来强制要求某个子女履行义务，更不会在调解中使用这一法律语言。

而关于实际生活中的赡养，在我进行论文材料收集工作的时候，不止一位处理此类案件的法官说到分家所导致的老人赡养问题。其中的一位黄法官这样说：

> 分家会有个协议把老人的财产分没了。院子里的房屋和地都分给子女，再轮流赡养，出现很多矛盾，姑娘送回也不知道送到哪家。赡养上没有情感上的交流与爱护。法律上就以赡养的形式解决。分完，父母地无一垄，房无一间。农村父母的悲哀，老人一辈子为子女……

这种情况也被不少关心农村老人社会保障问题的学者注意到，它说明现实情况与法律规定和道德理想皆有所差别。特别是，正如白凯所注意到的，虽然现当代以来，有关家庭财产的分割与继承是以“继承”制度来安排的，但在实践中，“分家”的安排却总是存在。[①] 我们所看到的纠纷有些就与分家有关，特别是，分家的实践往往与赡养联系在一起，甚至成为分家的目的。我们可以假设，如果分家的主要目的就是赡养，那么就可以说，这种家庭中财产的分割实际上更接近衡平规则，即分得家庭财产成了赡养父母这一付出的回报。如果分家实行的是诸子均分[②]，那么家庭财产的分配就又是平均规则。

4. 需要规则：本土研究的观点

家庭对于社会生活、政治统治、思想教化等诸方面的重要性，对于中国古今的日常生活与治理，都是不言自明的。梁漱溟把中国的传统社会看作是伦理本位的社会，说明伦理规范在整个社会生活的基础地位，而家庭就是这类社会的组织基础。并且以“家”还是以“团体”为社会结构之基础，被认为是中西方差别的核心要素。[③]

在意识形态领域，源于周礼“宗法制”的政治结构和伦理道德融合在一起，在规范层面上表现为“仁”或“义”的等级差别的秩序，[④] 在家庭关系中形成“父父子子”的角色期待。“在家人关系中，彼此要讲责任（即责任原则），而不那么期望对方作对等的回报（社会交换的预期最低）”。[⑤] 黄光国将人际关系分为情感性关系、混合性关系及工具性关系，并且认为其中典型的情感性关系是家庭关系、亲友关系，在交往中遵循“需求法则”。[⑥] 黄光国对家庭关系中公正规则的看法，也与西方有关分配正义的主流观点一致，即按需分配在高度的人际吸引的情境下适用，存在着亲密关系和依赖性，个人的福利是群体的目标。

然而，与这些规范性的判断并存的却是一些与此并不一致的现象，比如，如果人们在家庭中一直按着伦理规范的逻辑行事，那么为什么一直都

---

① 参见［美］白凯《中国的妇女与财产：960—1949》，刘昶译，上海书店出版社 2007 年版。

② 现在一般情况下，女儿并不参与儿子们的家产分割。

③ 参见梁漱溟《中国文化要义》，上海人民出版社 2011 年版。

④ 参见黄光国《儒家思想中的正义观》，载杨国枢与黄光国《中国人的心理与行为》，桂冠图书公司 1991 年版；赵志裕《义：中国社会的公平观》，载高尚仁与杨中芳《中国人中国心：传统篇》，远流出版公司 1991 年版。

⑤ 杨国枢：《中国人的社会取向：社会互动的观点》，载杨国枢、余安邦《中国人的心理与行为》，桂冠图书公司 1993 年版。

⑥ 黄光国：《人情与面子：中国人的权力游戏》，载黄光国《中国人的权力游戏》，巨流图书公司 1988 年版。

有签订分家协议的传统?① ——本书所使用的案例中，涉及家庭财产分割和赡养的也多留有“字据”，说明这一传统确实存在——更不用说现存档案中那些涉及分家、继承、赡养方面的纠纷。② 如果家庭伦理的规范除了在儒教不兴之时都是有效的，那么为什么在历代刑法中要规定五服以内的尊亲属犯罪，在同等情节的情况下要受到更为严厉的惩罚?

在我看来，这些观点或者仍然属于规范领域而没有充分的实证证据，不足以展现家庭关系中的复杂性，或者当前的中国已经时过境迁，原有的道德规范不足以决定实践，或者需要规则的运用还受到其他一些条件的限制，所以当我们将这些理论对应于现实的时候，往往得不到满意的解释。在这里，我所关心的是，在经验的层面上，当面对财产或责任的冲突时，家庭关系中不同的相对人将做出怎样的选择?他所认为正当的理由是什么?

(二) 衡平规则：现实中的公正

亲缘关系是人与人之间最为亲近的关系，它与陌生人关系在关系亲疏谱系上相对应。本章的案件，当事人可能是父母与子女，或者是兄弟姐妹(除了4—12刘爱娇诉刘新生和4—17李志春诉李新华案以外)，它们本身所针对的都是亲子关系。对亲缘关系的案件进行分类，可分为赡养案件、继承案件和其他有关财产分配的案件(见表5—1)。

表5—1　亲缘关系中的财产案件

赡养案件	继承案件	其他有关财产分配案件
4—10王国珍诉乔新民案 4—42何世杰诉高士镇案	4—04董阳光诉董洋案 4—12刘爱娇诉刘新生案 4—16李庆利诉李庆明案 4—17李志春诉李新华案 4—18邓国芝诉邓国明案 4—27覃国良诉覃文珍案 4—32杨志勇诉杨亚萍案 4—43张新志诉张新瑞案	4—14方学明诉方世友案 4—24许慧欣诉张云杰案 4—25杨玉珍诉何必元案 4—36张新瑞诉王世发案 4—53李艳辉诉李芳德案

① Myron L. Cohen, “Family Management and Family Division in Contemporary Rural China”, *The China Quarterly*, 1992, No. 130, pp. 357－377.

② 黄宗智:《清代的法律、社会与文化:民法的表达与实践》，上海书店出版社2001年版。

尽管其中涉及赡养的案件很少，但实际上继承案件和其他有关财产分配的案件紧密地与赡养议题联系在一起，除了 4—17 李志春诉李新华案涉及代位继承，4—12 刘爱娇诉刘新生案涉及兄弟间的财产继承以外，其他案件皆如此，很难做出严格的区分，它们都显示出以义务为核心的特征。

1. 赡养的根据

（1）“赡养协议”

在 4—10 王国珍诉乔新民案中，故事的主人公王国珍已年过六旬，有 3 个儿子和 1 个女儿，均已成年。在最小的儿子成家以后，几个儿子分了家，分别赡养两个叔伯和父母，她与丈夫乔大生归小儿子赡养。2002 年 12 月 23 日，乔大生因病去世。丈夫原单位发给王国珍每月有 98 元的遗补费，并且，几个儿女都有不错的工作，其中 3 个儿子都行医，甚至有自己的牙科诊所。2003 年 2 月王国珍经医院诊断为冠心病，需长期用药，但就母亲的赡养问题 4 个儿女一直达不成共识，王国珍以此为由，向法院提起诉讼，请求判决 4 个子女承担赡养义务①，从 2003 年 1 月起每人每月支付给她赡养费 80 元，并要求每年 1 月付清一年的赡养费。

起诉书送达 4 个子女后，次子、三子和女儿都答辩称“我同意母亲的意见”。只有长子乔新民没有答辩。在开庭时，与清代以及民国时期“只要父母告状，其威胁就足以迫使儿子服从”② 的状况不同，乔新民马上提出异议，他认为在 1988 年分家的时候，已经签订了赡养协议，所以现在母亲的一切费用应该依据当时的约定由三弟负责，而且他在初审判决下达后很快就提出了上诉。

乔新民认为，依据当年的约定，作为长子由他赡养四伯，四伯 1998 年去世，自己已经履行了义务，因此，不应该承担任何赡养义务。王国珍则认为，子女有赡养老人的义务，并且自己现在的身体状况已经不能自给自足，也就是说符合法律由子女赡养的规定；并且，1994 年四伯与长子不和，离家出走，后来一直和自己一家住在一起，直到 1998 年去世，所

① 根据法律的规定，赡养诉讼案件，子女必须全部被列为共同被告，这是一个程序上的安排，也意味深长。

② 黄宗智：《法典、习俗与司法实践：清代与民国的比较》，上海书店出版社 2003 年版，第 139 页。

以，长子也没有完全履行义务。初审法院很快做出判决，完全支持了王国珍的诉讼请求。

随后，乔新民在上诉状中写道：

> 关于母亲王国珍诉我赡养费一案，我认为：赡养老人是中华民族的传统美德，是子女应尽的义务。我将家中情况做如下陈述。
>
> 在1988年前全家有10口人，即本案被上诉人王国珍（我母亲）、乔大生（我父亲）及乔大生的三哥乔大应、四哥乔大才、长子乔新民、次子乔新建、三子乔新庭、女儿、媳妇、孙女。我结婚后在女儿未满周岁的情况下，当时家庭非常困难，吃住不能保证。即1988年12月2日，讨论分家及赡养老人，等等。
>
> 1. 长子乔新生赡养四伯乔大才。2. 次子乔新建赡养三伯乔大应。3. 乔新庭赡养母亲王国珍。在赡养老人中，对老人一包到底，活养死葬，对老人孝敬意顺，虐待老人由法律制裁等。至今已14年，我四伯乔大才于1998年病故，我已完全履行了应尽的义务和责任，且父亲在市里和生病期间，我为其治病花去医药费近7000元。
>
> 综上所述：按1988年12月2日的赡养老人的分工义务，我母亲王国珍应由三弟乔新庭赡养。

首先，他强调赡养老人是道德义务，是传统美德。然后介绍大家庭在未分家时的状况，并且特别强调，分家是在自己生活非常困难、“吃住都不能保证”的情况下进行的。自己现在根据赡养协议已经完成了赡养的义务，并且还额外为（已经不属于自己义务范围内的）父亲治病做了贡献，花去医药费7000元。

看过乔新民在两次诉讼中的表现，我们已经可以肯定，王国珍的起诉就是针对长子的，因为在其他子女那里本可以不用经过法庭就可以要到生活费。我与王国珍的交谈证实了这一点。

2005年夏天，我与这位母亲在法院走廊里候客的长椅上开始谈她的案子，此时，终审判决书已经下达了近两年之久。在这两年中，长子一直没有主动给她赡养费，在这位母亲第一次申请法院强制执行以后，儿子仍然拒不给钱，所以这次她到法院来再一次申请强制执行。

对于一般人来说，这母子俩的做法都是很难理解的。很明显，每月

80 元对于二者来说，都既算不上负担，也算不上生存的必需。因为，乔新民的职业是牙医，绝不可能一个月拿不出 80 元钱；而王国珍一方面和同为牙医的小儿子住在一起，本没有什么花费；另一方面每月已经有 3 个儿女的 240 元再加上遗补 98 元，即 338 元的零花钱，就算要贴补医药费，也不可能一定要指望长子的每月 80 元。

她自己也说："小儿子说丢人，不叫出来。"但是，她说，电视上演了，一个老人向儿子要 20 块钱的生活费，都上法庭了，她这不算什么，"不是就我这样，很多人有这样的情况"，她说，而且：

> 生他养他，别的儿子都给，他为什么不给？过去是分家分给谁了就跟着谁，现在不一样了。

但是，她接着又说：

> （就是）按以前（他）也不对，小儿子十几岁就承担，"一方有难，八方支援"应该出。他的大孩子我给养到七八岁，小儿子的养到五六岁，他不该给我一些赡养费？

说着说着，她眼泪就掉下来：

> 年轻的时候把公公婆婆养着，深更半夜地把他们养大。不生气是假的。他请律师花了多少钱？他最坏，他小时候最享福，他最坏。过年过节，都见不到他人影……他说，俺妈不喜欢俺，俺生了个姑娘。他说的是瞎话。

看得出来，她为每月的 80 块钱，不断经过法庭来向大儿子讨要，并不是因为经济原因，而是因为"气愤"。总的来说她有两个理由，首先是作为母亲，自己对这个儿子付出了很多，受了不少的苦，现在是他应该报答的时候了；其次，作为一家之长，应该"一碗水端平"，其他的孩子都给，他不给，就是不公平的。在情感上对儿子的期望与依赖没有得到满足也是一个重要的因素，节日里不去探望，尤为让她气愤。另外，让她感到不公的还有这样一个比较，"他小时候最享福"，小儿子"十几岁就承担”，而大儿子小的时候“最享福”，现在却不拿这 80 块钱，因此，她对大儿子的道德判断就是“他最坏”，以此来表达对他的不满。另外，她还引用了一句政治宣传口号作为她坚持大儿子给钱的理由“一方有难，八方支援”，这是一种共产主义式的需要规则。显然在她的观念里，“以前”并不能确定是 20 世纪五六十年代的新中国建设时期，还是传统时代。

对这“承担”，乔新民则有不同的理解。1988 年分家的时候，他刚满 20 岁，就要带着妻子、未满周岁的女儿和一个老人独自生活，一边还要跟着开诊所的岳父学习牙医的“手艺”。而那个时候，跟父母一起生活的小弟只有 10 岁，还在接受抚养，不可能担当什么责任。后来两个弟弟，治牙病的手艺也是从他那里学来的，对于他来说，对家里的贡献不可谓不大。

现在，双方当事人对于家庭关系中所应遵循的规则已经很清楚了。母亲王国珍主张付出与回报的“反哺”模式，这是衡平规则；其次是（义务）诸子均分的平均规则；另外她也主张需要规则，但不是强调自己的实际需要，而是一种政治信条，反而法律规定的需要条件，除了在起诉状中出现过以外，并没有在她所表达的理由中出现。再看乔新民，首先他承认这种“反哺”模式，即衡平规则，也不否认诸子均分的平均规则，重要的是他坚持赡养契约这一习惯，这是对程序规则认同的一种表达。并且，他强调在分家时自己困难的处境自己已经承担了，那么现在同样是在履行赡养义务的情况下，小弟如果有困难也应该自己承担。

表现为“反哺”模式的衡平规则与中国的道德传统相一致，并且在现代法律制度中得到了加强。对王国珍来说是她所主张的支配性规则。乔新民所坚持的“反哺”模式是非常教条的，并且带有契约性质，同时主张约定应该被遵守。而无论哪一种主张，对于传统的“父慈子孝”的道理理想来说，实践中的情况都是实用主义的。双方都承认以往的做法“过去分家分给谁了就跟着谁”。但是，乔新民认为这种衡平加上平分的规则还受“契约”的限制，只能进行一次分配。而在王国珍看来，“现在不一样了”。这种“契约”习惯受到政治信条的影响，在“公共领域”被宣传的意识形态对“私人领域”的家庭也发挥着作用，一次分配已经不能继续有效下去了。

同时值得注意的是，在这对母子之间，感情因素发挥了很大的作用。他们的做法，大多来自内心的不平，有对对方情感上的期待没有得到满足而产生的“恨”。因此，杨国枢[①]所认为的“在家人关系中，彼此要讲责任（即责任原则），而不那么期望对方做对等的回报（社会交换的预期最低）”，在当下的中国社会，至少在本书所涉及的家庭类案件中恐怕是不恰当的。在交往最为密切的家庭生活中，更有可能的情况是，家人对彼此之间做出对等回报的期望要远比其他关系中的人们大得多，特别是加入了情感的因素，当付出的关心得不到同等程度的关心和回报的时候，更有可能产生破坏彼此之间关系纽带的消极行为。

（2）根据需要而赡养

4—42 何世杰诉高士镇案中的父亲和母亲分别出生于 1906 年和 1909 年。他们的 6 个子女出生在 1929 年到 1944 年。其中的长子钟、次子健和长女芳是高成法第一个妻子所生，何世杰是他们的继母。其他 3 个女儿，分别为欣、梅、环，何世杰是她们的生母。也就是说，6 个子女同父异母。2000 年 8 月，父亲高成法提起诉讼，要求 6 个儿女承担赡养义务，这时，最小的女儿已经 56 岁，最大的女儿 71 岁，都是退休职工。

起诉状中的理由如下：

> 以前由于子女能主动资助，生活尚能维持。近期由于我们老两口都病重瘫痪在床，生活完全不能自理，又无收入，还需雇人护理。关于我们的生活赡养问题，经被告互相协商不成，使生活无法维持，因此向法院起诉要求被告赡养项目如下：1. 生活费每月 600 元，雇人护理费每月 600 元；2. 要求子女轮流与保姆一起伺候，如果有的子女不能伺候，可以委托其他子女代替或拿钱雇人；3. 关于医药费和丧葬费临时摊派。

这个起诉状中的表达与前一案件的起诉事由非常相似，并不直接表示认为儿女应该履行赡养义务，而是以自己目前的生活出现困难因而有接受赡养的需要为由。这是一种法律化的表达。

6 个子女中，年纪较小的 3 个女儿，表示接受法庭的意见，对父母提出的要求没有异议，她们表示：“作为当儿女的对老人不赡养从道义上讲

---

① 参见杨国枢《中国人的社会取向：社会互动的观点》，载杨国枢、余安邦《中国人的心理与行为》，桂冠图书公司 1993 年版。

也是不应该的，将来如何处理我都服从。"

另外3个子女，也就是何世杰的3个继子女则分别做了很长的回应。长子钟的答辩状中写道：

1. 本起诉状是否属于原告所写所知。

（1）为什么只有一个原告签字。春节期间（起诉状立案以后），我去原告家，问原告，其中有一个原告说不知道有此事。

（2）起诉状中为什么把被告分成两部分，后三位用"○"加以标明，这又是为什么呢？

2. 本被告始终承担着最大的赡养义务。

（1）原告及其家庭土地改革后是靠着我的劳动得以生存的。

原告及家庭原居住在任家屯。我的家庭成分是富农，土地改革前（1945）原告及家庭过着富人生活，12岁的我却去放大牛。土地改革（1947）原告被剥夺了财产，分得了18亩土地及10人的菜园地，15岁的我1人种地养活全家9口人，其他人没有出过力。1950年，18岁的我志愿参军去朝鲜，原告全家是靠着军人家属得到代耕生活的。1957年，我转业到地方（Y市）用转业费和安家费还了原告的债务，同时用仅有的工资资助两个大学生。

（2）原告及家属是靠着我提供的住房（现住房三明里14－3号）得以在Y市安家落户的。

1958年原告及家属7口人分了6处住，是我通过关系将继母及妹妹的户口从农村调入市内；由于没有房子落户口，我把我和前妻结婚用的房子（单位分配）借原告居住；并把父亲安排到火柴厂做临时工；为此3件事我被组织停止3年党的生活。由于受处分，我的前妻病情加重死亡，儿子夭折。"文化大革命"我被定为走资派，又被下放到农村走"五·七"路。

（3）本被告负担着原告的一部分生活费。

1972年落实政策，我回到市内燃料公司工作，开始给原告生活费，一直到2000年3月末，风雨不误，没有间断过。

以上我所做的这些，请问原告，我在被告中，在这个家庭中，是不是承担着最大的赡养义务？今天怎么能给我送上法庭，请问原告还想怎么样？到底想干什么？

3. 原告起诉的事实与理由含糊不清，严重歪曲事实。

（1）“以前由于子女能主动资助，生活尚能维持”一句情况不属实，不符合实际。70年代末，如果每个子女都给30元（我给30元）计150元，社会的生活标准每月每人不足30元。80年代中末，每个子女给40元（我是）计200元，当时的社会生活水平不足70元。90年代初期，子女共计给440元（我给40元）当时的社会生活水平近150元。1998年后，原告每月收入840元（我给100元），现在的社会生活水平近300元。由于社会生活水平不断提高，我们子女的赡养费也在不断提高，原告生活标准超出社会平均生活标准，超过我的生活标准，怎么还能说“尚能维持”呢？难道是其中被告没有给足生活费？还是原告把生活费用于其他支出？

（2）“近期由于我们老两口都病重瘫痪在床，生活完全不能自理，又无收入，还需雇人护理”一句要求过高，是无收入吗？就2000年而言，原告收入（全部给）加起来是11100元（梅3600元，钟1800元，欣1200元，环1200元，健1300元，房费1200元，街道1800元），这么多钱还不够支付的吗？

（3）“关于我们的生活赡养问题，经被告协商不成，使生活无法维持”，这一段歪曲事实。请问原告，被告之间是怎样协商的？协商的内容是不拿生活费吗？协商不成最主要的问题是我提供的住房动迁问题，此房子的所有权（化工厂分给我的）是属于我的，为什么动迁不与我协商怎样办理，剥夺我对房子的所有权？1997年修房子花2000元，都让健、欣、梅、环4人均摊，这次动迁需要那么多的动迁费（二室半楼房，原面积只24平方米）有谁来拿呢？难道原告有这么多积蓄么？不准我参与此事，难道还有什么不可告人的秘密和阴谋吗？

（4）原告赡养要求过高，不近合理，生活费每月600元是可以的，扣除街道150元，其余由被告按工资标准支付，雇人护理就太（不）必要了，被告都已退休在家，轮流伺候不行吗？

4. 本被告还在继续赡养。

赡养老人是中华民族的传统美德，也是子女们应尽的义务，本被告还在继续给原告提供住房，请问这不是在赡养吗？我也是70岁的人了，本身有糖尿病、高血压、心脏病、脑血栓等病症，我每月的工资（405 元）不足吃药的，全靠老伴的工资得以维持生活，子女的生活也不好（4 个孩子 3 个下岗）也不能扶助我，原告要求过高，我承受不了。

次子健的答辩如下：

1. 本被告始终承担着赡养义务。

尽管被告在校学习期间是在长兄钟的鼎力支持下得以完成学业，但是，自参加工作的第一个月起就开始给原告寄钱。45 年来，无论是在“文革”时期沉重的政治压力下，还是在我开销异常紧张的时候，“寄钱”从未间断（现有汇款收据为证）。

40 年来，我之所以这样做，一是念于二原告无固定收入；二是“改革前”国家实行的多就业低工资制，各家收入都比较低的实际情况；三是念于原告曾给了我一个虽不能挡风遮雨，但尚可赖以生存的窝。

在这 40 年的时间里，随着国家经济情况的好转、人民生活水平的提高，我一直在不懈努力尽自己所能最大限度地增加对原告的供给数量。然而，我万万没想到的是今天，原告会把我送上法庭，这不能不说是我终生最大的遗憾。

2. 原告起诉理由含糊不清，并严重歪曲事实。

（1）原告在起诉状中是这样陈述起诉理由的。“关于我们的生活赡养问题，经被告互相协商不成，使生活无法维持，因此，向法院起诉要求被告赡养。”

二原告现住亲生女儿环家，身边有子女照顾，有病能得到及时治疗，生活保持一切正常。目前，二原告既没有流落街头，也未进养老院，有什么事实说明二原告无法维持呢？

（2）所谓互相协商不成的不是“赡养问题”，而是房子的问题。也不是被告互相协商不成，实际上是原告何世杰和被告梅、环为一方与被告钟之间意见不能统一。其矛盾的焦点是，原告住房是 1958 年单位分给钟的，二原告来 Y 市后，是钟安排给二原告居住的，房屋所有权清晰，不容篡改和变更。另一种意见是谁住就归谁所有。所以，一直协商不成。

（3）二原告当前不是生活无法维持，而是心理无法维持。用一句她自己的话说：“我绝不允许他的孩子（指3个继子女）躲清静，绝不让他们安宁。”这才是原告起诉的良苦用心。

（4）原告的3个亲生女儿当前多承担一点赡养义务也是合情、合理、合法的。

①被告欣1954年未考上初中时，原告便把她从老家送到沈阳补习，以后又通过关系自费进了打字学校。

为使被告梅、环顺利考上初中，1955年原告将家由尹家屯迁往Y市。后来，环又通过关系自费进了中医学校。

然而，原告对3个继子女却都是采取截然不同的做法。其长女、长子在1945年后，就被剥夺了受教育的权利，十几岁正求学的时候就开始从事繁重的农业劳动，承担起家庭重担，我本人的成长过程也是一部不堪回首的血泪史。1954年我读高中以前，我对家庭来说是一个名副其实的童工。除草、洗菜、种地、放牛、喂猪、担水做饭、沿街叫卖、跑买卖等什么活都干过。就是上学期间，离开课堂就得做这些事。就是初中住校，也要每个星期六在校吃完晚饭后走30里路赶回家，星期日干一天活，星期一早上再赶回学校吃早饭。

我读初中、高中阶段生活来源主要靠长兄从朝鲜前线将每月仅有的5—10元津贴费用节省下来，寄回供我使用，再加上学校给我的6元/月助学金及亲友帮助才得以勉强维持。

然而，最使我难忘的是，在我初中毕业报考高中时，原告就要求我早工作，早挣钱，只准报考中专，坚决不允许我报考高中。在这关键时刻是长兄从朝鲜前线来信与原告进行针锋相对的斗争，才使得我得到了读高中的机会。

1957年我报考大学又是一次更加严峻的较量，原告继母事先不与我商量，在高考结果公布以前，偷偷地求表叔给我找了一份教书的工作。又是长兄的坚决抗争，才使继母的阴谋破灭了。从此，继母对我这个不听指挥的“逆子”就更加恨在心里，表面上是对我冷酷无情，内心是等待秋后算账。

综上所述，不难看出，三个亲生女儿从原告那里得到了无微不至的关怀与爱护。原告为他们付出了全部心血，并做出过较大贡献。现在，她们理应回报原告。这也完全符合《宪法》《民法》《继承法》

《婚姻法》中所体现的公民权利与义务，父母与子女之间抚养与赡养，赡养与继承之间存在互相依存的原则。

②她们3人尚比较年轻、精力充沛些，有能力承担。

③她们目前家庭条件好，经济比较富裕。如有的家有4套住房，有的还是尚未退休的高级工程师，岗位工资很高。所以说，二原告吃、住都很方便，生活是有保障的。

(5) 二原告解放前，主要靠祖先遗产。解放后，主要靠子女奉养，一辈子无所事事。不该提出比当地政府规定的生活保障标准更高的要求。比如，雇人护理。

(6) 二原告现在尚有一定的积蓄，应该首先用于原告当前的自身生活，而没有必要用在购置房产上。

(7) 当地政府供给的150元/月应计入原告的生活费中。

(8) 本被告夫妻已退休多年，均是65岁以上的人了，年纪大体质弱，妻子患有高血压、高血糖、胃病等多种疾病。要长年服药，并经常住院治疗。其中，多数为自费药，目前，仍有两个子女在继续求学。当前，我仅靠有限的退休金维持生活，经济压力依然十分沉重。所以，我们生活水平至今未有多大改善。我现在的住房是80年代初单位分配的经济房，至今仍是原样、水泥地、白浆墙、铁门窗，家具是70年代单位给拨的木床、木桌椅，总之，一切如旧（有单位证明为证）。

长女芳的答辩与两位兄弟的态度一致，但是以书信的方式而不是答辩状的方式来回应的。

信中写道：

发来的传票和起诉状于二月廿六日收到了，看后，勾起往事，好伤心，好难受啊！生母和太爷病故后，投入了苦海，再没感受到父母和家庭的温暖。婚后才感受到家庭的温馨，体会到人与人的关爱，从苦难的童少年走到了今天73岁的我，好难啊！而还要面对被告上法庭，实感意外，接受不了，不可理解，现将一点点情况介绍如下：

1. 我8岁生母病故，失去母爱，由于悲伤过度得了眼疾病，从春天到秋天，非常痛苦，有失明的危险。9岁的我，自己到井边打水，用井拔凉水冲洗好受一点，以减轻痛苦。“父母”不过问一声，不给治疗，不关心。太爷知后，将我接去治疗，才保住了眼未失明，60 多年后的今天黑眼球上尚留有伤疤。

2. 我 13 岁时太爷病故，在此前是太爷供养全家生活，并由太爷雇佣人来照料我们，分家后我 14 岁，我基本上是在亲属家度过的，穿的是生母和一位姑姑死后留下的衣服，自行改制服用的，并开始承担全家人的针线活，哪怕我到亲属家串门时，继母也打点一包活计，也得给他们干。完全可以说“老人”没给过我一件衣服，一双袜子，一分钱。相反，生母在临终前留下遗嘱，将她的一副金镯子留给我，当时父亲就同意并答应的，但至今我没得到。在“父母”手里，下落不明，不知去向。

3. 1947 年家乡解放，土改分田地时，农会和土改工作队的同志当众对我说：孩子你不用怕，情况我们都知道，你在这个家里是受气的，你的东西不分，都给你。还额外给了我一些枕头、被面、布块等，我好感动，流下了感激和伤心的泪水。在农会参加活动，当自卫队长，要求参军，“老人”都不准许，限制我的自由，每当开会，学唱歌，回家晚了一会儿时晚饭吃不着，就得挨饿，挨骂。这些全村里的人无人不知，无人不晓，在受到虐待忍无可忍、痛苦至极的情况下，15 岁那年曾产生轻生念头，被奶奶发现看破，奶奶看护我多日，并劝说：芳啊，奶奶的后半生就得这样了（是过继的奶奶），你还有出头的一天，还有好时候，想开一点，忍了吧。我命大，活到了今天。

4. 亲属家都发生粮荒，我走投无路时，未婚夫音信皆无（他于 1947 年春离家出走，先后在沈阳、北京当工人，1949 年秋回家完婚，在此期间与家无音信），同一时，侯家正处于讨饭生活的困境，而高家的生活无任何困难，在此情景下，两位“老人”强行将我送到侯家，做童养媳。一个月后在一个雪天我走了 30 多里路回到了“娘家”，进门脸难看，我不在意，多年已经习惯了。没想到的是第二天早晨他们就将我赶出了“娘家”的大门，我流着伤感的泪水离开了“娘家”，无妈的孩子像根草，不错。无路可走，只好到舅父家度日，虽然也发生了粮荒，舅父母还是收留了我。

5. 结婚。我与侯某某的婚姻是包办的，侯本不同意这门亲事。

1949年从北京回到沈阳并工作，他是在得知我已经走投无路的情景后，出于同情我的困境，同我完婚的。结婚时是舅妈给我五角钱压腰钱，身上别无分文。反而别人给我的“填箱”钱，也全部被他（她）们没收了，父母待其他人也是这样的吗？其他人的孩子都给我代养、看护，给了他们极大帮助和关爱。在我最艰难的岁月里，“老人”帮助和关爱过一天吗？（那个时期侯因工作常年在外不回家，我在上班时就将3个小小的孩子锁在屋里）。大地震时他们能去看望二女儿全家的安危，而不能再花费二角的车费去看我的死活，对我不闻不问，不理睬。同样是他们的子女，而不是一视同仁的待遇，今天要求赡养却是一视同仁，各有一份，这不合乎情理，是不公平的。

6. 1970年元月我丈夫被错误的遣送回Y县百寨乡张家屯，没有工资收入，生活发生了极度困难。两位舅父母表弟，多次携带各种食品及其他物品，还有表婶、二弟看望我的全家，问寒问暖，帮助我渡过了难关。而“老人”他们去看过我一次吗？问过寒、问过暖吗？

1979年我丈夫得到组织上的第二次落实政策，被调回沈阳工作，我开始干起临时工。1986年依据组织上文件规定，我被转为正式职工。我们很是高兴，去Y市探望老人，未见到。据说在二女儿家，返回大石桥，欣夫妇请我一起与老人吃饭，没等开餐，又遭到“老人”的破口大骂，并抓起筷子打我，我莫名其妙，不明真相，我委屈伤心哭起来，当我的两个女儿知情后去接我时，父说：你们来干什么？抬死尸来啦？这哪还有父女之情。当晚勾起了我失去母爱后的件件伤感、伤心的往事，一夜未眠，精神受到了严重的刺激，第二天发生了可怕的心梗，发现和药物抢救及时得当，才免于一死，留下了病根（我丈夫有冠心病，身带急救盒）。事后得知：父亲有病，曾住院治疗花费30元（?），向二弟健索要，父子间发生了争执，错误地认为是我从中传话所致。对此事，此前我根本一无所知，怎么能说是我从中传话呢。30多年我与高家基本无来往，从此后近20年来已经断绝了父女关系，根本无任何往来。从我被赶出高家大门至今已有50多年了。“父母”从来没有向我提出过赡养问题，也从来没有任何人找我协商赡养问题，他们知道，心里也明白我没有受益，今后不管老人有什么财产，我不要求继承。老人的心血和辛劳流向何处，是清楚的。据知，其他5位子女不是都在赡养吗？现在为什么提出无人赡养了呢。从起诉状中看，我认为要求过高。

两位法官同志：我可能写的多了一点，但我只是就其中的几件事说了一下。

我已经是73岁的老年人了，体弱多病：心脏病、脑血栓、高血压、高血脂、肾炎等多病在身，每天除了口服药物外，有时还得点滴药物，两个女儿在外地，我又何尝不愿雇用一个人呢，条件所限啊！大女婿病死，留下两个孩子，大女儿和其他子女均下岗，生活发生了困难，给我增加了负担。我丈夫除冠心病、动脉硬化、供血不足，需药物经常治疗外，于本月14日又得了突发性的青光眼病，有失明的危险，现已在用药物治疗之中，有可能须住院进行手术治疗。

根据我的身体和精神状况看，已经无力抵抗再次遭受精神刺激了。如果出庭争辩，担心承受不起，一旦在法庭上发生意外，后果不敢想象。请原谅。

在这些述说中，经济上的拮据、强烈的不公感都给人留下了深刻的印象。如果就三位当事人表达的对赡养一事的意见来说，我们首先可以看到其中的一致意见。在赡养费的绝对数额和要求雇人照顾的标准上，他们都认为原告的赡养要求提得过高，已经超出了满足基本生活需要的水平，并且超出自己能够负担的限度。在具体的理由上，他们的一致之处在于，他们都认为，二位原告，特别是继母，没有公平对待3个继子女，比如，在起诉状的书写中，对他们3个非亲生子女使用了特殊的标记；在提供受教育机会方面，和亲生子女相比有着巨大的差别；甚至，继母对这个非亲生女儿并没有提供抚养，给予的关爱还不及外人，等等。既然没有对所有子女一样地付出，就不应该要求相同的赡养，如芳所说："同样是他们的子女，而不是一视同仁的待遇，今天要求赡养却是一视同仁，各有一份，这不合乎情理，是不公平的。"他们也认为，目前原告所接受的赡养与生活质量完全不像原告所说的"尚能维持"的水平，也就是并不存在亟待满足的生活需要，那么也就没有必要提出诉讼请求。

与前一个案件中长子对赡养义务分配的规则所持有的意见一样，他们都有两个比较的标准来判断父母要求赡养费是否公平。其一，父母是否平等对待了所有的子女，其二，父母的付出与自己给予的回报是否平衡。前者是平均（平等）规则，后者是衡平规则；前者是对父母的道德期望，后者则是对自己行为的评价和感觉。二者之间具有内在的联系：如果父母一致地对待子女，子女也就应该一致地提供赡养。就分配义务的本质来说，承认的仍然是衡平规则。是否要履行赡养的义务，首先与这两个标准的比较结果相关。

而在这个案件中，3 个继子女还提到了第三个标准，即父母的要求是否超过了一般的生活需要。这一标准的另一面是对于超出的部分自己是否有能力满足，比如，雇佣人看护。

然而“需要”本身却是需要标准的，他们究竟以什么标准来判定父母的要求是否超出了“一般”？以及为什么超出一般的要求不应该得到满足？“需要”的一般标准，钟给出的是一个数字，认为 600 元是比较合适的，当地的城市居民最低生活保障标准是 156 元。健给出的标准，则就是“当地政府规定的生活保障标准”。至于为什么不应该提更高的要求，3 人共同的原因是，自己当前的生活状况没有能力提供。钟还另外给出了一个颇具普遍性的理由：“二原告解放前，主要靠祖先遗产。解放后，主要靠子女奉养，一辈子无所事事。不该提出比当地政府规定的生活保障标准更高的要求。”也就是说，他把父母作为社会普通的一分子，从而对他们为社会做出的贡献与获得相比较来判断是否应该得到更多的赡养，这时，他已经把在公共领域中衡量公正的标准带到家庭领域里来了。这似乎能够说明，在政治倾向方面的有关剥削的共产主义意识形态对人们判定公平仍然发挥着作用，同意识形态可以作为价值判断的标准一起，劳动也被赋予了一定的道德意义。

这一点，与 4—10 王国珍诉乔新民案中，王国珍所提出的“一方有难，八方支援”作为家庭内部的分配标准，实有一直的意识形态根源，它们来自集体化时期的政治宣传。

对“需要”标准的内心认定实际上内含一个对“需要”的分类，即生存需要和额外需要。儿女有义务满足父母的基本生存需要，而是否应该满足其他的享受需要，则要看父母是否做出了相应的贡献，甚至是社会贡献，而后是自己是否有能力满足。是否有能力满足则是需要规则的题中应有之意。这个故事中所争议的核心问题与 4—10 王国珍诉乔新民案所不同的就是关于父母的额外需要是否应该被满足。当儿女以此作为条件免除自己的赡养义务时，这实际上不同于以情感、照护的增进为目的的家庭关系中的需要规则。

而后，我们来关注3个人叙述中各不相同的叙述重点。

其中，长子钟尤为强调自己对家庭的贡献。他并不否认赡养义务，而且认为一直在承担着赡养义务，在这一生当中都在为家庭付出艰苦的劳动，承担巨大的压力，不只是为父母的生活，而且包括弟弟妹妹们的生活。这种付出既有“功劳”也有“苦劳”，它们都被视为对家庭的贡献。

次子健则强调3个方面：一是自己一直在承担赡养义务；二是强调自己的遭遇，在求学以及生活方面都面临的艰难，也就是说，父母的付出不够；三是父母的不平等对待，在受教育机会方面，自己屡次遭到继母的阻挡，而继母的3个亲生女儿则受到的是完全不一样的待遇。另外，在生活方面一直依靠兄长的支持，而非父母的抚养。

比较特别的是，他提出了自己承担赡养义务的理由和承担的规则，他说，之所以40多年来一直承担着赡养义务，那是因为：“一是念于二原告无固定收入，二是‘改革前’国家实行的多就业低工资制，各家收入都比较低的实际情况，三是念于原告曾给了我一个虽不能挡风遮雨，但尚可赖以生存的窝。”其实是两个理由，一是父母基本的生活保障的需要，二是他们也有付出，曾经为自己提供了最基本的抚养义务和一个生存的安全之所。而对于赡养义务应该如何分担，则又提出了一套规则：首先，谁从父母那里得到的多，谁就应该多承担；其次，现在谁的经济状况更好，更有精力、有能力，谁就应该多承担，所谓能者多劳。这是给父母的“额外”需求提供了一个建议。

并且，从二人的叙述来看，他们都认为，这次诉讼的目的并不是赡养问题——在访谈中，法官也承认这一点——而是，动迁涉及正在居住的房屋，原来是钟单位分配的房屋，提供给父母居住，现在存在谁负责换房费用以及动迁后的房屋的所有权问题。对于该房的所有权，继母一方和钟产生分歧，继母一方坚持谁居住谁所有，而钟一方坚持原来的所有权人是谁就是谁的，他们认为这才是他们之前协商不成导致这次诉讼的真正原因。这就像是一场战争的导火索，而能够造成一场战争的是相互之间长时间堆积起来的不满。

而长女芳的信，则完全是抱怨和诉苦。对她来说，在人生几次重大事件中，父母都没有给予应有的付出。对自己遭遇的描述反映的是父母对她并没有承担抚养的义务，按照她自己的话说，自从离开家以后，已经和“家”脱离了关系，从“父母”和“老人”这些称呼上的引号，可以看出，经过几十年的时间以后，这种认同确实已经动摇甚至消失了。既然如此，她不认为自己有应该承担赡养的责任。这是没有付出便不应该得到回报的衡平规则。

如果看3个亲生女儿曾经签订的赡养协议，可以证明，实际上在其他5个兄弟姐妹那里，承担赡养义务，芳并不被计算在内。这是1999年6月7日，欣、梅、环3人，在其他3人没有在场，但有证人（舅舅）签名的情况下签订的赡养“协议书”：

协议书

二位老人的今后生活赡养问题，经子女共同协商达成如下协议。

1. 六月份起，每月生活费陆佰元，其中，健、梅每人每月壹佰伍拾元，其余钟、欣、环各壹佰元。二人的扶养、伺候，采取轮流办法解决，每人按月轮流，如因故不能实现，必须事先做好安排，不得疏漏。

2. 每人每月所供给扶养于前月末的前三天必须到位以供老人的生活开支。

3. 老人每月陆佰元中，抽出壹佰元作零用钱，由二老自行支配(每人各50元)，其余伍佰元交给当月伺候人安排当月生活。

轮流次序为，钟、健、欣、梅、环。如因故不能兑现必须在前月委托另人代理，对另人代理应给以相应报酬（一个月可在300元至400元之间）。①

总结这两个案例，我们会提出一个问题，子女对父母期望的“付出”究竟是什么？对于法律的规定来说，父母有抚养未成年子女的义务，这个义务都包括了哪些内容？同时这也提出了一个道德难题，就是当父母没有满足这种期望的时候，子女是否应该以父母的表现而做出相应的回报，还是根据一定的道德规范，据自己的能力以满足父母的需要？这也是前文所提到的价值冲突问题，所谓的“行事原则”和“份位原则”的冲突。那

① 如果比较法官判决的内容，何世杰每月获得的赡养费要高过这里的约定。但是，法官的判决却没有规定如何轮流提供非物质的扶养。

么在现实中这些问题都是被如何定义和解决的呢?

显然，子女们认为父母的付出，既包括了物质上的供给也包括了情感上的关爱。子女所坚持的两个规则，平等规则和衡平规则实际上是一枚硬币的两面，包含着这两方面的内容。这在法律制度的规定之外。同时，子女的回报，像在4—10王国珍诉乔新民案中的母亲所要求的，也不只是物质上的反馈，还有情感上的照顾，正像法官所说的那样，双方中，一方认为自己的付出应该得到回报，另一方认为自己得到了多少就应该回报多少。而法律对物质以外的分配是无法做出规定的，即使有规定也无法监督实施。但道德难题，对于实践中人们的选择来说，其实并没有构成困惑。

他们或强调自己的付出，或者强调自己受到的不公平的待遇。虽然没有使用明显的道德性语言，但仍是在道德上抬高自己的奉献或忍受度，同时贬低对父母的道德评价，也就是一方面认为自己不管怎样尽到了做子女的“本分”提供赡养，而另一方面针对父母的评价是父母没有尽到自己的“本分”，用句俗语就是，他们“不仁”，但我没有“不义”。

赡养实际上涉及的是家庭关系中责任或义务（duty）的分配而不是财产的分配问题，但却与财产的分配——比如分家——紧密联系在一起。对中国人的行为在规范意义上是“义务本位”或“伦理本位”的判断也许并不错，但事实证明，至少现在看来，那并不是无条件的，他们没有生活在祖荫之下，也不可能把无条件的付出视为理所当然。

在这里，衡平规则仍然是主导性的，平等规则与此紧密相连。它们都是对传统道德规范的一种实用性转化，不是“孝”的“美德”，而是对父母的抚养相对应的义务，因此引申出来的规则是谁获得了父母更多的物质关照与情感爱护，则应该承担更多的赡养义务。

而父母是否平等对待则对子女的心理构成极大的影响，从而影响他们是否愿意主动承担法律规定的赡养义务，以及衡平规则的运用。这两个案例表明，主张衡平规则的子女，特别主张其中引申部分两种义务之间的计算的，都是认为自己没有受到平等对待的子女。而现代法律所模糊规定的需要规则，一方面被子女们解释成为基本生存需要而接受，另一方面被父母作为理由提起诉讼，但都没有被法律实践所支持。

这个案件的主审法官是徐法官。徐法官在处理这个案件的时候，首先尝试调解。他回忆说，他“本以为在当事人的意见冲突这么大时会很难处理，但没想到当事人到了他的办公室以后，并没有发生什么争执，很快

就达成了一致意见”。最后做出了以下判决:

> 赡养老人是每个子女应尽的义务，被告芳、钟、健虽是原告何世杰的继子女，但原告何世杰结婚时三被告均未成年，原告尽了一定的抚养义务，故三被告应承担赡养原告何世杰的义务。被告欣、梅、环是原告何世杰的婚生子女，亦应按着有关法律规定，积极履行赡养义务。六被告应按实际收入状况按适当比例给付原告赡养费。

在案件审理过程中，父亲已经去世。法官最后判决子女们承担的是50—120元每月不等的赡养费，全部加起来，何世杰每月除政府提供的156元低保以外，还可获得495元赡养费，几乎与原告诉讼请求中的人均要求持平。法院的判决在表达上是依法做出的，首先是肯定法律义务，而后是依据衡平法则的抚养与赡养对等，但并没有提到父母对赡养费的“需要”是否应该作为衡量的准则，也就是说3个继子女的意见并没有被采纳，但对赡养费的总额的分配起了一定的作用，因为对赡养费的分配不是平分，而是根据承担者的收入状况区别对待的。看起来对于3个被告来说十分重要的衡量准则，即父母的现实“需要”最后在法律实践中并没有作为关键性的因素去考虑。

这不得不归因于法院所追求的社会效果，这在前文曾经讨论过，也就是说，“反哺”模式还在形式上被现有的法律制度的实践所支持着，但需要作为提供赡养的条件已经开始得到子女一方的认同，情感的因素在相互义务的规定中被忽视。

在责任的承担中，我们还会发现一个特别的分配规则的主张，即“能者多劳”①。这是后一个案件中，次子健对超过了父母基本生存需要的赡养分配的主张。有趣的是，法官对赡养费用的分配无形当中也遵循了这一规则，即按照子女的收入水平来分担。

2. 根据赡养而继承

(1) 兄弟之间

4—43张新志诉张新瑞案中，张家5个兄弟姐妹，志、瑞、彩、玲、英，他们的父母在1996年和2000年相继去世。留有两间瓦房及55000余

---

① 此语原出自《庄子·列御寇》:“巧者劳而知者忧，无能者无所求，饱食而敖游。”

元存款以及其他财产若干。其中瑞手中有18000余元，英手中有37000余元。志和其他两个姐妹，认为这些财产属于父母的遗产，应该平分，而这持有财产的兄妹二人认为这些钱是父母生前的赠予，不应该属于遗产；这两间住房实际是Y市某厂的福利分房，没有所有权，并且一直由父母和瑞之子凯居住，凯的户口也是在该房处，因此，该房应当由凯继续居住使用，不应作为遗产进行分割。他们找来舅父调解遗产分配，没有达成协议，诉至法院。

两位被告的答辩状中还提出的一个重要理由是：

> 母亲去世前，患有严重的胃下垂、心脏病，主要是二答辩人赡养，护理。因此，答辩人的母亲将其所有的五万五千元分开，赠给二答辩人……

显然，这两个被告认为，现在手中的这55000元钱相当于他们提供赡养、照顾的回报，他们主张的是衡平规则，这和前一节案件中的当事人主张一致。

法院则判定了这些财产的遗产性质——除了房屋的所有权以外，因为它仍属单位所有——以“被继承人没有留下遗嘱”并“考虑到双方当事人在被继承人在世时均能各尽儿女义务”为由，将遗产进行了平均分割。

这种处理方式是在遗产纠纷中最常使用的。因为是否有人多承担了赡养义务是很难证明的，法院往往也并不去考察这一点，只要子女并非完全不尽赡养义务，则都按照平分的规则进行分配。“均能尽儿女义务”便是获得继承权利资格的条件与范围。

4—16李庆利诉李庆明案中的利和明是两姐弟。1983年，他们的父亲去世，1995年母亲去世。母亲去世前，在1994年留下一份遗嘱，称自己的一栋房屋由女儿利一人继承。2003年，由于国家水利工程建设要使用这栋房屋所在地的土地，因此派发了移民补偿款。现在这笔钱已被明领取，利索要不得，因此而将弟明告上法庭。

明回应说：

> 自原告成家后父母就与我共同生活，父亲于1983年去世，母亲于1995年去世，二老均由我安排后事。在母亲去世的前一年（1994

年7月),原、被告发生口角(当时母亲生病),原告到我家横加指责,母亲遂与原告生活了近1个月的时间(即1994年7月中旬至8月中旬),我并答应向原告支付了200元母亲的生活费用,后由原告将母亲送到我单位宿舍上(县文化馆),我将母亲接回了家。原告所说的立遗嘱时间正是在这一时段。

我们知道,乡村社会的生活习惯是父母和儿子生活在一起,这个故事也符合这一习惯。在这段叙述中,明要说明自己一直和母亲一起居住;(后面的回应更多地谈到)对遗嘱真实性的质疑;即使在没有和母亲生活在一起的这段时间,他也有给付生活费用。他想表达的是自己承担了主要的赡养义务,不应该按照所谓的"遗嘱"来进行分配。随后他又将这两点进行了细述。

一、遗嘱的产生及其内容并非我母亲真实意思的表达。……我母亲生于1905年阳历4月24日,1994年8月已近89岁高龄(于1995年正月去世),行走无力、言语不清,当时母亲正值生病,加之母亲根本不识字,对遗嘱是怎么回事都不清楚,如何能想出立遗嘱的事情。而在原告所称的立遗嘱时间后不到一个月,原告即将母亲送到了我的单位上。原告不愿尽其赡养义务却取得了母亲的遗嘱,情理不合。

二、我对父母尽了完全赡养义务。我于成家前后就一直与父母共同生活,二老的生老病死均由我独立承担,这些都有我的多位隔壁邻居证明。承担二老的赡养义务是我的本分,我自始无悔。而原告对此未尽其义务,反倒对我多次无端指责。让人实难理解。

这两个理由想要表明,在因为"遗嘱"不合情理因此所谓"遗嘱"并非真实的遗嘱进而相当于在没有遗嘱的情况下,他所主张的一个规则,即"未尽"赡养义务的人不应该继承遗产,另外,则是谁完全尽了赡养义务谁就应该继承遗产。为了使这种"衡平"的付出与回报的关系更具有道德正当性,明还退一步宣称尽赡养义务是本分,那么,姐姐利没尽赡养的本分则不应该继承遗产。

此后法庭的辩论便基本上是围绕这两个问题展开的:一个是"遗嘱"是否真实?另一个是明是否尽了全部赡养义务?对这两个问题的争辩则说

明，双方都同意遗嘱的重要性，以及谁尽赡养义务则谁继承的规则。比如，明在答辩中说："二老的生老病死均由我独立承担。"利则辩论说："父亲的棺材是我二姐夫买的，母亲的棺材是我买的，父母亲去世后我都出钱了……（房屋）翻修是我出的钱……"足见他们对这一衡平规则的确认。

和前一个案件中被告两兄妹的主张一样：父母的遗产可以作为已尽赡养义务的报偿。在法律规定中，遗产平均分配是基本原则，而主张用遗产来报偿赡养仅仅是法院酌情处理时需要考虑的因素，但在人们的观念中却占据了重要的位置。

就像《继承法》中规定的那样，对遗产并不一定平分，也不是因为遗嘱中要求某人多分才会出现不平分的情况，而是继承人们可以约定继承的份额，只要达成一致的意见就可以。这也就为民间的习惯做法留出了空间。但是，即使有了约定，还是会有其他问题产生。在家庭遗产分配方面，"需要法则"并不被认同为主导性的规则。

4—18 邓国芝诉邓国明案中的原被告都已经 60 多岁了，父母去世时留下一栋二层土木建筑的房屋。之后，姐弟俩和其他兄弟姐妹签订了《关于房屋遗产继承的协议》。在协议中，其他兄弟姐妹都表示不参与继承——依他们的职业看，应该不在农村生活——芝继承房屋的 1/3，明继承 2/3。时值三峡工程，房屋淹没而产生补偿款归属问题。明将移民补偿款全部拿走，不给芝那 1/3，芝因此将弟弟告上法庭。

他们在签订遗产继承协议时就申请房屋评估部门进行了测量和估价，以确定房屋的面积和市价。在诉讼进行期间，芝聘请了律师，还对即将发放的一笔款项申请了财产保全，以防止胜诉以后得不到执行。

明也承认继承协议的有效性，但是对遗产的范围，以及是按照当时估价的 1/3 还是按照现在分发给移民补偿款的 1/3 与芝有不同的看法。他认为应该以当时的估价为准。最后，冲突以调解的方式解决，芝得到了 5000 块钱，大致相当于补偿款的 1/3，算是结案。

在这几个案件中，我们能够发现，继承确实是源于血缘关系而产生的权利、财产分配，但是，血缘关系并不是享有这些权益之资格的全部根据，而只在一定程度上如此。它要求继承人必须承担一定的赡养义务。另外，对于子女所付出的赡养而言，如果不是截然对立"无"或者"全部"，那么大致就可以获得平均分配，这与法定原则相一致；但对于继承人的个人感受来说，付出较多的人，希望获得更大份额的遗产，这一普遍的心理学原理在家庭关系中也并不例外。但是，主张这个规则的人并不用明白的语言表达出这种诉求的因果关系，而是通过强调自己的付出来暗示。这时候，“孝”在表达中虽然以“赡养义务”代替，但并不表示“孝”作为要求他人合法化自己诉求的价值已经不存在了，强调自己的付出和贬低他人的付出就是在说明自己的“孝”和他人的“不孝”，这种伦理道德的逻辑还是存在的，就像与之并行的要求赡养与继承之间建立因果关系的主张一样真实地存在。赡养和继承之间的对应关系，如果我们借助一个像下文中有家庭成员以外的人参与的案件，应该更能明白地体现出来。

（2）继承的本质

1945 年，4—27 覃国良诉覃文珍案中的覃文珍在生父去世以后，随母亲与生父的兄弟覃德兴组成家庭共同生活。覃国良是覃德兴另一兄弟的儿子，也就是覃文珍的堂弟。1951 年，政府颁发土地执照时，覃德兴一家得到了 3 间瓦房的所有权。1964 年覃文珍母亲去世，1997 年，继父覃德兴去世，留有遗产 5500 元，树木 16 棵，院墙 3 段和与被告共有的房屋 3 间。这时，覃国良认为，被告 30 多年不赡养其继父覃德兴，形成了对继父的遗弃事实。覃德兴丧失劳动能力后，是自己对他进行了赡养，故起诉要求分得遗产 3 间瓦房中的 2. 25 间，院墙的 3/4，判决覃文珍丧失继承权。

覃文珍回应说，他经常回家看望继父，而且在继父生病后是自己将他接到北京治疗，并办理了他的丧事。原告不是法定继承人，也未对被继承人赡养较多。

对于法院来说，很容易能够判定谁是或者不是法定继承人，法律规定了，第一顺序的继承人“子女”包括了继子女，而只要第一顺序的继承人还在，其他人就不能继承，所以覃文珍是当然的法定继承人。但究竟是谁，以及如何对被继承人生前进行了赡养却很难说清。而恰恰当事人皆将此视为分配遗产的重要规则。并且，二者在何种情况下提供赡养的意见也是一致的。他们都强调说，自己在覃德兴丧失劳动能力以后提供了扶助，看来覃德兴何时丧失劳动能力也是一个重要事实。其中，覃国良在法庭上说：

> 1992 年覃德兴丧失劳动能力后，我用车接他看病，买米买面，还经常看他。我虽未过继给他，但他老找我，我给他做饭，给他抓药拉煤，他被人打了，我替他解决此事。我也给他钱。村长亲眼看见我帮他看病花钱。拉煤也是我花钱雇人，1992 年拉了一吨，送了一袋面。我是自 1992 年覃德兴腿有病找我之后开始照顾他，平时我给他洗衣服，经常看他。1993 年他病了，我抓了几次药，过年去看他，每到年底给他 100 元，不算买东西。平时我从未见过对方。他们从来不去覃德兴家……

他是说自己“未过继给他”，没有成为他的“儿子”，但做了相当于儿女的事情。覃德兴丧失劳动能力是在 1992 年。而覃文珍在一审判决后的上诉状中说：

> 覃德兴丧失劳动能力是在其去世前半个月内。1997 年 6 月中旬，当上诉人到覃德兴住所看望他的时候，发现他病倒在地上，是上诉人与邻居将他扶起，替他找来医生，为其诊治，上诉人之后又将其接到城里看病，住在上诉人家里养病直至病故。在此之前，覃德兴一直为村里看街并有收入（工资每月队里给付），没有丧失劳动能力。覃德兴丧失劳动能力后，一直由上诉人扶养、照顾……

也就是说，覃文珍认为覃德兴是在 1997 年 6 月丧失劳动能力的，并且在病倒的时候也没有人照顾，在丧失劳动能力到病故之间都是自己一人在照顾。

如果在他们看来“丧失劳动能力”是提供赡养的条件的话，那就意味着他们对赡养的看待，并不是因为父母对子女的抚养，而是一种对父母生存需要的满足。这与前面的赡养案件既有一致也有不同。不同之处是这个案例中的当事人没有提到作为具有亲缘关系的晚辈是否有赡养之责，以及是否要求父母的付出和自己的给予之间大致平衡；相同的是，他们都认为赡养是提供生存所需要的满足。而且继承和赡养之间具备着对应的关系，这又是一种衡平规则。

初审法院的判决得到终审的维持，遗产中有 3000 元的份额分给了覃国良。并没有可严格依据的道理说明为什么是 3000 元，但判定了覃国良确实提供了赡养。这确认了这样一项规则，即继承人和被继承人之间无论是否有血缘关系，只要提供了赡养就可以获得相应的继承。而且，尽管法律规定了继子女和亲子女有相同的法律地位，但是在人们的观念中，仍然做了区分，因此在行事规则上有不同的选择。

4—25 杨玉珍诉何必元案与此案相似，杨玉珍夫妇若干年前收养了何必元。养父去世以后，养母想要解除和养子之间的收养关系，理由是养子没有提供赡养，所以不应该继承其丈夫的遗产。尽管和前案一样是没有血缘关系的家庭成员，但从他们对继承财产的看法中可以看到继承和赡养之间的因果关系。

3. 家庭财产分配中两种衡平规则的冲突

（1）共同投资财产的分配

4—14 方学明诉方世友案中的方世友是方学明的独子，在方世友的生母去世以后，方学明再婚，并育有 3 个女儿。在 2002 年家庭冲突发生之时，方世友已经 46 岁，3 个妹妹也各自成家。1988 年，方世友与父亲产生矛盾，搬离父母的住处。2000 年下半年，方世友回来，对父亲宅基地北原来的 4 间旧房进行拆除翻建，建了一栋 3 层小楼。现在关于这房屋的所有权产生了纠纷，并且父母一方在 2002 年到 2004 年进行了两次独立的诉讼。在第一次起诉中，父母要求儿子“搬离”，没有得到法院的支持，于是父母一方再次诉讼，要求享有这栋房屋的 2/3 的所有权，即一层和三层，分给儿子 1/3 的所有权。

大致经过如下：

2002 年 9 月，以被告没有按照盖房前的约定为由提起诉讼，要求被告搬出。该约定的内容是所有权归原告，使用权一方一半，并且以被告履行赡养义务为条件。

2003 年 1 月，一审法院认为原告没有出示具有盖房所有权的证据，驳回了原告的诉讼请求。

2003 年 2 月，原告上诉。

2003 年 4 月，二审法院维持原判，但确认房屋为双方共同所有。

2004 年 10 月，原告诉请法院判定其具有争议房屋 2/3 的所有权，被告拥有 1/3。

在第二次独立的诉讼中，父母一方这样叙述：

1988年，被告因与二原告关系僵化而离家，一走12年，从未对二原告尽过赡养义务。2000年下半年，被告突然回来，请求二原告允许被告翻建原告宅基地上的旧房。为了缓和与儿子的关系，经亲戚们说和，二原告同意被告将原告宅基地北部原有的四间旧房拆除翻建。当时约定，原、被告共同出资在原告宅基地北部盖一栋三层楼房，房子盖好后，所有权归原告，使用权原、被告各一半，前提是被告必须孝顺原告，尽到赡养义务。如果被告不孝顺原告，无条件搬出，新楼归原告所有。2001年4月，被告搬回盖好的新房居住，但被告并未按约定由原告使用一半自己使用一半，而是将新楼一半对外出租，一半自己使用，并且不对二原告尽赡养义务，当其他子女赡养二原告时，被告还经常打骂原告及其他子女，严重侵犯了原告的合法财产权。

原告认为，新盖的三层楼是由原告和被告共同出资翻建的，属于共同财产，首先应该按等分原则处理；由于该楼是在原告宅基地上所建，并且是在拆除原告的四间旧房基础上翻建的，原告的贡献较大，还应该多分房屋，但考虑到分割使用的不便，原告仅要求按等分原则分割该房产。

这段诉状的内容非常丰富，说明了面对这场财产纠纷，父母一方对父子关系的看法和财产分配应该遵循的规则。首先，在说明这栋房屋修建缘由的时候，就已经在指责被告在很长一段时期内没有尽到赡养义务，并且有违背伦理道德的行为“打骂原告”；其次，房屋的修建和使用分配的约定，所有权还属于父母，方世友对房屋的使用是以“孝顺”父母为条件的，这是一个道德性表达，但随后的解释，是把“尽到赡养义务”等同于“孝顺”，这样就在父子之间建立起一个财产使用的契约。

随后我们会发现父母一方主张的分配规则。原告说，因为三层楼是双方共同出资翻建的，“属于共同财产”，首先是“按等分原则处理”，即平均分配——所谓的等分，是原告二人与被告等分成3份；其次，还应该按照谁的贡献大则谁应该多分的衡平规则来分，但是考虑到分割的不便，则做出让步，仅要求平分。那么也就是说，父母一方承认与儿子共同所有，但并不是因为父子关系，而是因为共同建造、投入。但这却与之前所说的约定有一些矛盾之处，因为前面说，他们的约定是房子盖好以后，父母一方享有所有权。也就是说，在父母的理解中，“共同财产”就是共同使用，而非共同所有。

方世友回应道：

> 一、原告诉称答辩人因与原告关系僵化独自搬走，12年杳无音信。与事实不符。
>
> 答辩人因受继母排斥，在万般无奈的情况下离家，在外租房。答辩人在外12年，家中父母，三四个妹妹，叔叔、姑母均知答辩人在何处居住。每年春节答辩人均带上妻儿回家看望父母。答辩人的妹妹（继母之女）1997年要求在我家中盖房时，曾两次到答辩人住处同答辩人商量。答辩人的二爷、老奶病故时，都回来吊孝，并经常回来看望父母。这怎能说答辩人音信全无呢？
>
> 二、原告诉称答辩人不尽赡养义务，并对原告经常打骂。与事实不符。
>
> 答辩人搬回家中后，连续三年给父母祝寿，八月十五还给父母送鸡蛋。父亲有病，答辩人经常帮助给父亲洗澡，帮助父亲解大、小便，端屎端尿，毫无怨言。答辩人曾多次要求将父母接到家中赡养。况且答辩人的父母均是退休职工，经济上并无困难。
>
> 三、原告称系共同出资盖房，产权归原告，使用权原告、答辩人各一半。与事实不符。
>
> 事实上，这栋三层楼是答辩人出资盖的，为此，答辩人负债累累，而原告并未出资分文。答辩人从未在任何场合以书面或口头（形式）做过任何许诺。答辩人独自出资建的房，其所有权及使用权只能归答辩人所有。

要点是，否认父母在起诉状中所述事实：首先，并非杳无音信；其次，尽了赡养义务；最后，房屋为自己所盖，并没有任何约定。也就是说，并不否认子女应尽赡养义务；同时认同“谁付出谁收益”。也就是说，在这两点上，双方之间并没有分歧。“谁付出谁收益”这个财产分配的基于权利的衡平规则对传统的财产继承方式的冲击是致命的，因为这意味着家庭财产将不能够作为共同财产或者父亲的财产而传递和分配，而是像公共领域中以权利为结构模式的财产分配一样，运行的是衡平规则，一种更为个人主义的规则。身为独子的方世友，并不能“名正言顺”、排他性地享有宅基地的使用权，也意味着父亲的权威所赖以存在的父系继承的瓦解。在这份答辩词中，方世友说到自己的妹妹也曾经在这片宅基地上盖房，更是一个重要的证据。但是，父系继承的观念却仍然存在。方世友在开庭时称：村里宅基地是以儿子的多少来划分的，父亲的即是儿子的，“按照村里的规定，家里就我这一个男孩，如果家里有老宅子，就不再划新的宅基地了”。在准备建房之处，也有过方世友是否可以在“家”建房的争论：

> 2000 年 5 月份我回去先与我母亲商量，她让我与我父亲商量，我父亲同意了，但是我几个妹妹不同意，我就找到了我三个叔叔，我小叔遂镇说“这房子应该让我盖，说我是方家的正根”。盖房前没有说房归谁的问题，我出资盖房子当然归我所有，但是我讲过有二位原告住的地方，但是房子盖好后，二位原告不愿意到我那住。

方世友之前可能确实做过对父母不当的事情，但是，“正根”的宗族观念似乎使得反对者无法最终拒绝。反对的意见来自其他几个妹妹，而不是父母。并且，建好后的房屋所有权仍然受到争议。

传统的继承观念让方世友在祖宅的宅基地上盖房子成为可能，父母及其他人都没有正当的理由能够阻止他盖房子。另外，在当前农村土地制度下，在宅基地上盖房子也并不一定就获得了该房的所有权和使用权，这给方世友的父母甚至他人留下了权利申请的空间。而在最后的争议中，显然是产权逻辑的衡平规则而非以家庭伦理为依据的需要规则主导了辩论的方向。

（2）分割母亲/妻子的财产

在 4—32 杨志勇诉杨亚萍案中，原告杨志勇夫妇育有两女，分别是杨亚萍和杨亚慧。杨志勇妻子生前与他共同拥有私有产权的平房 3 间，面积为 64. 34 平方米；无照简易房 1 间，面积为 13. 18 平方米。经价格认证中心鉴定，上列房屋分别价值人民币 38400 元和 659 元。母亲生前因患病，常年在医院住院治疗。二女儿杨亚萍及其丈夫从 20 世纪 80 年代开始与父母共同居住在诉争房屋内，定期从母亲的工作单位领取工资后到医院看望母亲并为其缴纳相关费用。1996 年 7 月，母亲因病去世，杨亚萍继续同父亲共同生活。在共同生活期间，杨亚萍对3间平房进行了维修，对无照简易房进行了翻建。现在，父亲以与女儿、女婿不和为由，要求杨亚萍夫妻搬出。

父亲杨志勇在起诉状中说：

> 近年来，二女婿经常为琐事与原告吵嘴，甚至辱骂原告，严重干扰了原告的正常生活。原告要求其迁出现住房，被告称他们对母亲的房屋有继承权，母亲去世了就是他们的，并拿走了原告的房照。现将本案诉至法院，请求确认继承份额并分割财产，并要求被告返还房照，迁出现住房，其应得份额由原告给予补偿。

和前一个案件一样，父母一方在提起诉讼时，都对子女的道德方面提出了否定性评价，指责其不孝、不敬。父亲的诉争是要将现有财产中属于其母亲的部分进行遗产继承。

女儿杨亚萍则认为，母亲的遗产已经进行了分割，现在居住的3间房，其所有权属于自己。她回应道：

> 一、……原告无儿子，为了照顾父母，答辩人在娘家与丈夫结婚1个月后就搬来共同生活，并居住了20余年。母亲生前就决定将另一房屋给第三人，本案诉争的3间平房归我所有。我夫妻一直任劳任怨侍候父母，母亲患精神病住院看病，生老病死都由我夫妻承担，就是死后的一切费用都是我们拿的，母亲死后，我们就住母亲的一间半房，同时开始养活原告人，直到现在，正是因为房屋归了我们，所以多年来，我们将房子修建、改建，换了门窗，翻建了内墙，铺了地面，修了室内上下水。赡养父亲从1993年直到现在，我们未向父亲要一分钱。现在，我们父女产生分歧，原告利用房照未更名的机会，来掩盖财产已经分割的事实，这是规避法律的行为。
>
> 二、小房不是遗产，是共同财产。争议的小房原只是简易棚子，只是个木架子，母亲死后，我丈夫找人帮忙，出资建成了现在的无照房，此房不能以遗产论。
>
> 三、就是继承，我也应多分，并且应返还我多年的维修费等对房子的投入和生活费。

（一）多分的理由为：1. 被继承人生前我尽的义务最多，各种费用都是我一人承担；2. 是第三人（姐姐）已在家里取得了一份财产；3. 被继承人的财产是我维护保持到现在，我有投入。正是由于我的投入，才使得财产增值。

（二）返还我的生活费、维修费、医疗费。权利义务是对等的，要分割遗产就要分担义务，我的投入和支出返还给我。按每月最低生活费150元计算，他也应返给我十余年的生活费。

首先，杨亚萍说明在没有兄弟的情况下，自己作为女儿和父母生活在一起，丈夫的地位相当于"入赘"，这一点虽然没有表达出来——因为即使当前人们的接受能力强也并不会对此有正面的评价，也正因为如此——却能够作为提供赡养以外的额外付出，表明自己为家庭做出的贡献，以及对房屋维护的投入。并且对赡养父母方面表明了一个观点，她用自己对父亲赡养多年并且没有"向父亲要一分钱"来说明自己的付出与贡献，这意味着，在她的观念里，因扶养而收取报偿可以作为一种处理父女之间利益关系的行事规则来接受。这里实际上区分了儿子和女儿对赡养责任的不同，因此，女儿应该获得额外的补偿。其次，她声明因为对"小房"的投入，"小房"不能作为遗产，而应该作为共同财产。最后，她对继承提出自己的看法，认为应该多分，其理由主要是对被继承人尽的义务最多；对遗产有投入。这二者所依据的都是衡平规则。最后，她要求遗产和对父母的付出都要进行分割，因此要父亲偿付十余年来的生活费。

这一案件虽然以财产权的归属为焦点，但几乎囊括了在家庭中进行财产分配的所有行动领域：赡养、继承和产权冲突，其中子女一方可能主张的所有理由。

法院很快做出判决，将所有财产都作为父母的夫妻共同财产和遗产进行了分配。杨亚萍的答辩意见，除负了主要赡养义务而可以多分进而分得10000元人民币以外，其他的意见均没有被法庭考虑。结果杨亚萍又提出上诉，在这次的上诉状中，她丝毫没有给自己的父亲留情面，她写道：

……事实是，被继承人是医药公司的职工，婚后生育三个女儿，（一女为他人收养），其长期受丈夫杨志勇的虐待与摧残，导致精神失常，是单位出面送到市精神病院（第一专科医院）治疗，治愈后，

> 到单位上班。可是丈夫杨志勇根本不思悔改，生活不检点，继续对她摧残（正像单位同事所说的：“要是其丈夫对她好一点，她也不会这样。”）使她的精神再次失常，住进精神病院，后转到Y市精神病院。这期间，杨志勇根本不管不问，是上诉人夫妻承担了照管被继承人的责任，当时被继承人的工资只是病假工资，根本不够其费用，大多是上诉人添的。因此，杨志勇将争讼的房屋给了上诉人，而将另一座福民里21号的公房一处给了大女儿慧……被上诉人杨志勇起诉的真正原因也不是其诉状所说的那样，而是另有原因，是近年来，其行为不检点，且借资巨大要卖房还账……上诉人夫妻供养父母20余年，耗尽钱力，父母用房屋作为回报，不想，父亲因生活问题变脸导致这场官司，而法院忽视这些……

在这份上诉状中，作为女儿的杨亚萍极度贬低父亲的品行与人格，意图使其丧失道德上的合法性，并且非常直白地表达了财产的继承权就是他们提供赡养的回报。在这里很难想象，传统道德规范中的“孝”还在发挥作用。这位女儿在道德上谴责父亲的同时，宣称了一种个人主义财产权的逻辑，是衡平规则的逻辑。

父亲杨志勇对此的回应，当然否定女儿的所有指控；而且对女儿索要赡养费的要求，也以产权的逻辑给予回应。他写道：

> 上诉人长期居住答辩人的房屋，从未支付过房租费，在自修自住的情况下，翻建维修房屋付出点费用，是没有理由要求改变房屋产权的。

与杨亚萍主张共同居住为提供赡养不同，父亲则将父女共同居住的关系定义成了租赁关系，因此，究竟共同居住构成的是女儿对父母的赡养，还是父母对女儿提供住所？抑或，本来这种共同居住的设定就是为了这二者的两相抵消？法律制度上的规定并不能直接回答这个问题，这与家庭财产的性质有关。

无论家庭财产的性质是共有还是归父亲所有，这个问题都是很好解决的。在以小农经济为基础的传统社会中，一份家产的传承因为父系秩序得以延续，即使在没有子嗣的情况下，也可以采取过继或入赘的方式使得家产以及宗祧的继承得以传递。像本案的这种情况也就不存在产生纠纷的可能性了。

问题还在于法律在规定了赡养义务、男女平等的同时，又确立了家庭财产的夫妻共有制，同时又没有对分家的规定。在衡平规则之下，这就意味着子女对父母的赡养面临风险，即有可能在提供赡养之后并不能从父母那里获得希望得到的报偿。比如，在只有一方父母在世进而又再婚的情况下，最后对财产进行分配的人数就会增加，份额显然就会减少。那么就总会有这样一代人，既要对父母提供赡养，又要对儿女进行抚养，但得不到或很少得到任何一方的回报。这也是为什么在《婚姻法》里有子女不得阻碍父母再婚的强行规定。就立法的本意来讲，它既想减轻社会的负担，又想刺激个人的经济生产，但同时也带来了纠纷的增加。

总之，在家庭关系中，与疏远关系最为重要的区别是人们对公正规则的选择是义务导向的，传统伦理道德规范仍然是人们进行财产分配那些规则的基本来源，但在现代财产制度的家庭框架之下，传统模式处处受到挑战。两类案件也有着相似之处。首先，衡平规则都具有支配性，因此我把前者称为“基于权利的衡平”，而把后者称为“基于义务的衡平”；其次，在这两种情境中，当事人的社会身份（地位、职业）都不对他们所选择的公正规则具有重要的影响，而是这种关系本身具有更强的行动选择上的约束力。

政治性口号对于家庭伦理来说具有异质性，但也被慢慢与道德规范融合成了规则的来源。这类原则往往只对那些经历了集体化的历史过程的人们发生作用。

传统“反哺”模式的经济基础，即那种以家庭财产所有权与家庭周期联结在一起的家庭农场式的经济模式①，已经在逐渐失去制度基础，其中的重要原因是现代的宪法与法律都确立了个人财产的地位；但家庭伦理意识形态还因其惯性仍然存在，并且还被法律规定与其一致的部分所加强，再加上法官所追求的社会效果——一方面是维护道德的倾向，另一方面是缓解社会保障压力、增加社会效益的目的，家庭伦理的逻辑还仍然运

① 黄宗智：《法典、习俗与司法实践：清代与民国的比较》，上海书店出版社2003年版，第135页。

行，成为家庭关系中的冲突所在。其运行的结果是人们在行为选择上具有多重的可能性，在这些关系中，衡平规则、需要规则、平均规则分别在不同的层面上被选择运用。这种状态完全符合像中国这样一个转型社会规则变迁的状态，问题是这些选择是否也有一定的逻辑？这是本章的第二部分所关心的问题。

需要规则[①]确实也被人们所选择，但并不完全是由不求回报的责任感所致，它仅在基本生存需要的层面上是如此，而且，需要的一方要以此为理由争取对方的付出，付出的一方会以此为理由尽力回绝，这与黄光国[②]所说的基于感情的需求规则有着一定的差别，不是不计回报的，而是与经济因素——生存需要——紧密相连的需求规则。并且，它无论是在实践的层面还是在制度的层面上，都不是家庭关系中支配性的规则。

二 邻里关系中的义务衡平

邻里关系可以被看作是熟人关系。研究者发现在对未来长时间的互动有预期的行动者之间，并不采取贡献规则，而是倾向于平等规则。[③] 在黄光国的分类中，熟人关系是一种混合性关系。熟人关系在交往中遵循“人情法则”，其中主要包含的是一种互惠的含义。但问题是，这种所谓的“人情法则”究竟是一种怎样的实践逻辑？它和其他类型情境中实践的逻辑是截然断裂的吗？否则有何关系？

本文邻里关系的案件收集了邻里纠纷的 9 个案例。根据邻里交往的程度又可以大致分为 3 类，但这些类别并非是边界清晰的，而毋宁将它们看作是连接亲缘关系和陌生人关系之间关系亲疏程度渐变的连续体。暂时把它们称作友好的邻里、一般的邻里和不友好的邻里（见表 5—2）。

---

① 参见 M. Deutsch “Equity, Equality, and Need: What Determines Which Value Will Be Used As the Basis of Distributive Justice?”, *Journal of Social Issues*, 1975, 31, pp. 137 - 149；黄光国《人情与面子：中国人的权力游戏》，载黄光国《中国人的权力游戏》，巨流图书公司 1988 年版。

② 参见黄光国《人情与面子：中国人的权力游戏》，载黄光国《中国人的权力游戏》，巨流图书公司 1988 年版。

③ M. Deutsch, “Equity, Equality, and Need: What Determines Which Value Will Be Used As the Basis of Distributive Justice?” *Journal of Social Issues*, Vol. 31, 1975; E. G. Shapiro, “Effects of Expectations of Future Interaction on Reward Allocation in Dyads: Equity or Equality”, *Journal of Personality and Social Psychology*, Vol. 31, 1975.

表 5—2　　邻里关系中的财产案件

友好的邻里（朋友）	一般的邻里	不友好的邻里
2—11 廖立旺诉国棉七厂案 2—44 李世强诉蒋志德案	2—09 白淑云诉白金龙案 2—19 张继波诉王德志案 2—20 张建辉诉孙华案 2—41 李峰诉孙强案	2—07 夏远方诉冯继东案 2—13 张云生诉张国珍案 2—34 毕小安诉毕云山案

要注意的是，不友好的邻里关系并不是无缘无故形成的，他们有的时候是由友好的邻里关系变化而来的。我们将会发现，在公正理由的宣称上，这两种分类关系之间反而有一些相似之处，在这一点上与一般的邻里关系有所差别。

（一）亲缘拟制

1．“兄弟”

2—11 廖立旺诉国棉七厂案是一件非常普通的借贷案件，原告廖立旺曾把房屋出租给老张用作他的厂房，相互之间合作了七八年之久，建立了很好的“兄弟”关系。解除租赁关系以后，老张仍欠廖立旺房租 2000 元，迟迟没有偿付，无奈之下，廖提起诉讼。现在，老张的女儿小张经营该厂。因为廖立旺要以该厂作为被告起诉，因此，仍为该厂法人代表的老张就成为应诉的法定代理人。

在访谈过程中，廖立旺表示，其实非常不情愿把老张告上法庭，因为他们的关系非常好。其中，最重要的是他对老张非常好，如果不是不得已，是不会告他的。他说：

> 有些啥事，他没有我跟这熟，你用点这，捣点那，他是没有我熟。干部关系呀，查卫生、计划生育乱七八糟，治安哪，工商、税务了，一套套，他是没我在这熟。有好些事他离不开我。他要是不跟我讲，有好些事都办不下去，你知道不知道。你今儿个缺水了，明儿个没电了。他要是找我我不管，他有电没电我不管，有水没水我不管，你去找对不对，井队里管着呢，电生产队管着呢。有啥事都找俺，老弟，跑跑腿，要歇一天，工人也得歇一天。这都配合得非常得劲。

日常的这些接触，已经使他们远远超出了普通的房东与房客的关系，兄弟相称已经是很自然的事了。廖立旺说他对老张提供的帮助不只是这些琐碎的日常生活上的事情，他甚至也在业务上和资金周转方面提供帮助：

> 他说，兄弟，人家来要钱了，给我弄三万块钱，会弄来不会。我说，我会给你弄来两万。（他说）两万也中，两点之前给我弄来。我说，中，就给他弄两万块钱。我说，几天给我？（他说）一个礼拜之内。我说，好好。给他弄两万块钱，人家客户拿着走了。你看，（我）这没钱，老弟给你借两万。

老张要搬走的时候，还托付廖立旺帮忙：

> （我说）你搬吧，有啥事？他说，我这还有客户，啥时候客户来了，你给我领过去。我说，可以。人家客户来了，我坐个车就过去了。

甚至有些忙廖立旺完全是自愿和主动帮的：

> 我到底哪对不住你了？夜里来车……400 多件，我忙得满头大汗，给你卸车。你那东西，工人晚上不起床，下大雨了，我半夜里，把你那东西自己搬到屋，你都不量量，这 2000 块钱算个啥，你说现在？我不计任何代价给你帮忙。我对他可好了。

因此，廖立旺不会愿意因为这点“小钱”和“兄弟”计较。就他所说，其实不还钱的也不是老张，而是现在“坐办公室”的女儿小张。

> 他爹（现在）把这摊事就给闺女了。找闺女，闺女说，俺爹欠你钱，我不欠你钱，现在（她）就浑到这个地步。（我）家里老母亲有病，家里有事，跪到那，她 2000 块钱都不给。早起往她那跑，中午往她那跑。找到她爹那，他爹说，有钱哪；问他那闺女，一分也没。有话你好好说，（你可以说）这两天吧，我账上没钱，你可倒好，一分也没。我就不相信，你公司那么大，二三十号人一分钱都没

> 有？这人吧，有时候，要是他爹的话……前两天，他爹还打电话，说，兄弟，那钱还没给你呢？我说，没有。（他说）没有，还至于到法庭上？我说，哥呀，要是你这会说话，对着我说，就啥事都好办了，你兄弟我不会往法院里走一步，因为是你这个钱让你闺女还，你闺女说一分也没有，跪到那没有，站到那没有，跑一趟没有，跑三趟没有。他说，那不就是两千块钱嘛，她要不给你，我给你。（我说）哥呀，你这句话你说的太晚了，我没起诉以前你这样说，这可以，我这起诉了现在，我就看着叫你那小闺女来应诉。

但不管怎样，他只要想通过法庭把钱要回来，就必须将老张列进被告项。对这个在他看来不那么理直气壮的诉讼，他有 3 个理由可以证明他是不得已的，并在道义上具有合法性：首先，2000 块钱本来就是一件不值得计较的小事，但是小张不但不还钱，而且说话的态度不好，老张也没有早出面解决这个事情；其次，法律规定了一年的诉讼时效，他如果不告，就会像他曾经有过的一次经历一样失掉这笔租金。[①] 在另一个案件中，因为错过了诉讼时效，廖损失了几万元的租金，再加上上诉、律师费等费用，损失惨重。最后，还因为解决一些困难要用到钱来，“一个是非典，第二个是俺娘有病，第三个是我家里盖了个房”。

总之，虽然在法律上，有借条为证已经足够他诉争的合法性，但对廖立旺来说，那还是远远不够的，他要说明，他没有不顾及兄弟间的情谊，反而是对方的做法不恰当，才导致了要通过法庭来解决问题。

这时候，我们会问，究竟为什么廖立旺会像他说的，对老张这么好呢？

> 因为啥呀？他是哥，再说人家是国家干部，咱得尊重人家，咱是平民百姓。光会种个地。就算你是个小辈，（但）你是工作人员，你是法官，不管是啥，你比我年轻，你识字比我多，你起码懂事懂得多。

---

① 要使诉讼期间有效，不一定要提起诉讼，但必须要出示证据证明在诉讼时效范围内没有放弃上诉的权利。这一般需要债务人做出表示，证明债权人曾经要求偿还。但廖立旺担心小张仅“露露脸”，不会给他留下证据。详见本案的其他访谈材料。

廖立旺在3个方面和老张做了比较。首先，是在年龄上，老张的年纪大，是哥哥，自己是弟弟；其次，老张是国家干部（市科委的离职干部），而廖立旺是个只会种地的农民；最后，在知识上，老张是读过书的人，而廖立旺连小学都没读完，识字不多，连起诉状都要别人代读。

兄弟关系，意味着将按照类似血缘关系的伦理规范来行为。文化水平实际上和老张的国家干部这个身份连在一起，重要的是后者对廖立旺的行为产生重要的影响。所以，形成的“兄弟”关系并不一定完全基于情感上的交流，而是一种混合作用的结果，其中来自二者之间地位、身份差别的认同成为重要的因素。

在一个平民百姓的弟弟看来，利用对地方事务比较熟悉的优势，多向老张提供帮助，是兄弟情理之中的事情。正是因为他自己已经做得足够好，老张租金的拖欠，实际上是破坏了他们之间的“兄弟”情谊。因此，他们的交往所建立起来的关系，很难区分哪些有功利的成分，是指向利益的，而哪些是纯粹的利他，是指向感情的。但他这种对于利益和感情的给予，依据的就是各种身份上的差别。这种差别没有明显的纵向维度，也就是高低之分，因此而可能产生的权力支配关系并不像传统家庭中的父权那样绝对和稳定。

被告一方的老张和小张都没有出庭。出庭的诉讼代理人是小张的丈夫，一个普通大学毕业不到30岁的董。他在丈人的家族企业中和妻子一起打点生意。他承认被告和原告之间的债务，但他说这几年中已经还了500元，会计没有记账，所以没有证据。并且有一部电话还在原告处使用，应该扣除电话和代缴的电话费。所以，不应该是2000元，顶多1500元。特别是，“钱是良心账，是人情的问题，心里有数的事”“2000块钱不值得这样，这有点没事找事”“应该通过协商，给钱可以，只要顺气就行；只要协商好，这是非常小的事”。比起没怎么读过书的原告，董的话要少得多。休庭后，原、被告双方聊一些家常①，廖立旺称董为孩子

① 廖立旺递烟给董，并跟董说以前如何帮助老张的事情，“遇到什么事，走，开车就走，立马就给办了。”“哥，只要兄弟能行，啥事都给你办好，（以前借钱的时候）你说两年（才能还），好，两年就两年。”“小伙子你多大了?”“31岁了。”廖立旺夸董能干，董客套了几句。开始聊一些与案件无关的闲话，诸如在哪里住之类的事情。气氛很融洽，董不时地笑。廖立旺说自己艰难的经历，“要饭要过，啥都干过，就是没住过监狱”。这似乎说明以前的苦日子，和他的安分守法，足以说明他是一个有品行的人。

或孩儿。

看到董的说法就可以理解，为什么廖立旺一直强调，尽管两家关系非常亲近，但官司还是要打。

> 可是了啊，法律有法律的尊严，你私人在背地里操作是不受法律保护的，手续啊啥的，光是说的怎么好，那都是不受法律保护。

就是说，一旦用法律来解决这个事情，那就得按照法律的规则来办。也正是因为法律规定了租金的诉讼时效是 1 年，廖立旺才获得提起诉讼的最为正当的理由。这个时候，作为对权利人的限制条件的诉讼时效，却反而成为请求权利的合法性依据。

欠债还钱，这是双方都同意的最为基本的公正原则，双方的分歧仅在还多还少的事实问题上。他们也都同意，2000 块钱是不值得打官司的小事，也都想在伦理和道义上来证明对方是理亏的，说明他们更看重这些价值。廖立旺所极力表达的对老张的帮助、法律规定，以及切实的需要，都是表达他的伦理价值取向的合法性依据。但由于这一伦理规范所能够约束的兄弟关系是拟制而非真实的血缘关系，因此，由现代制度所提供的合法性依据会被人们用以争取利益，从而用法律所提供的规则左右了伦理规范的规则。在真正血缘关系的兄弟之间是很难采取法律手段执行“欠债还钱”的道理的；而拟制的血缘关系却容易受到提供合法性的其他规范的制约。

2. 25 年的邻居

截至 2003 年，2—44 李世强诉蒋志德案中的原、被告两家是住了 25 年的邻居。1978 年，蒋志德从军队复原后来到电机厂，厂里准备要用国家为复转军人拨给该单位的一笔款项解决蒋志德及其家人的住房问题。但是电机厂此时的负责人找不到空房，也没有空地可以给他建房。经过他人介绍，蒋志德得知在李家旁边有块空地，空地是由李世强及其家人用沙子和石头等由水洼地填平的，当后院使用。当时该地的产权不明，依法则应该归国家所有。电机厂的负责人和蒋志德来到李家商量使用这块地建房。最后双方达成协议：在获得建房许可后，将借用李家的山墙，与原告房屋并列前后拉齐建房三间，并且，由于李家付出了大量劳动，与李家住房毗邻的那间房屋归李家使用。

2003年，两家的房子所在的区域要实行动迁规划。这时，李世强发现，蒋志德早在通知准备动迁的2003年2月就和电机厂签了一份协议：电机厂将（单位）公有产权的三间房（其中包括了李世强现在正在居住、使用的这一间）以4244.10元出售给蒋志德。李世强一家理论不成，便将邻居告上了法庭。

就法律事实而言，原告与被告双方之间的分歧，存在对事实的认识不同。比如，在达成协议的时候，争议房屋（间）是给还是借李世强的？李世强出示的协议是不是原件？

李世强认为是两家共同居住在一处公房中，显然，那间房是给了他们的，尽管没有进行产权变更，因为最初蒋志德也没有获得那两间房的产权，他们是平等的居住者。蒋志德怎么可以在不告知的情况下，将自己居住了二十几年的房子偷偷卖掉？最重要的是，他们在这二十几年都是称兄道弟的好邻居。

蒋志德却认为，那一间房是电机厂借给李世强家居住的，而房屋本来就是电机厂为自己而建，并且，虽然没有在之前获得房屋的产权，但通过每月交3元钱租金的行为，他们建立了租赁关系，这构成优先购买权的法定事由。

除了事实问题之外，他们各自抱持的合法性理由也不同。事实问题可以通过证据建构法律事实，再根据《证据规则》，进而适用相应的法律规定来解决；但观念上的分歧，却很难用法律技术来处理。在李世强看来，他之所以有权获得一间房的产权，是因为他和他的家人在这间房里长期居住已达25年的历史事实（“邻里皆知”）。更为重要的是，他们为这房子付出了巨大的劳动，对他们来说，这长期以来的劳动付出，应该获得平等甚至优先的购买房屋产权的权利。而且，他的邻居在不明示的情况下把“他的”房屋买去是非常不道德的。庭审的当天，当事人在法院门口等待，李世强的女儿在众人面前，手指着蒋志德，大骂道：

> 我们住了20多年了，20多年的邻居，你们就这么对我们，当年我爸妈可怜你们没地方住，啊？你那良心简直让狗吃了，你还算是个人吗？

显然，李世强的女儿对蒋志德的责备，是道德指向的。25年前，她认为是蒋志德一家人凭着父亲一家对他们的怜悯才有了住处，解决了这个生存的基本问题，这是“恩”；蒋志德不但没有报恩，还要把“恩人”的房子抢走，这是不“义”的行为，甚至做出这种行为的人，都不能算作人了。

李家人曾付出的艰辛劳动，和李家曾对蒋志德做出的让步，也可以从李母亲的叙述中体现出来，其中也隐含着对邻居一家的埋怨：

> 我家自1966年3月，一直居住在原市正兴街5组（即争议房屋地址）。当时住房前，西大山外，十余延长米都是水坑、洼地。特别是西大山外，水坑达3米之深，原告李（的父亲）全家用十余年，用捡来的废砖、废瓦，一盆一盆填平了西大山外的大水坑、洼地，又将捡来的废盆装上泥、碎砖瓦垒成院墙、圈成院套，一直用作自家菜园。
>
> 1978年11月，电机厂职工蒋来到我家，恳求我家让他所在的厂在我家院子里建一处42平方米的职工宿舍（当时厂方没有合适的空地，所以电机厂厂长让他自己找地方）。我们出于同情，就答应了，并让他与电机厂沟通，因此，电机厂厂长出面与我家协商，李的父亲同意了该厂在自家院内建一处42平方米职工宿舍，条件是必须给李家建一处35×7米（面积245平方米）的住房与原有房屋西大山一齐，该房屋所用工料是作为给李家十余年填水坑、平整洼地所用工料的补偿。经协商，双方签下协议并都依照协议进行了履行。李家一直居住于此，已25年，邻里皆知。

要注意到，这些指责都不针对电机厂，而仅仅指向他们的邻居蒋志德。就权利被侵犯的意义上说，本应是电机厂和蒋志德的“合谋”造成了李家的损失，他的指控也就应该同时指向两个被告。但事实上，他们仅仅针对蒋志德的行为提出不满。

李家主张自己对这件房子付出的劳动，换回了建房的“料”，那么建出来的房屋自然就是自己家的，况且已经居住长达25年之久。作为在地缘上相处如此之久的邻居而言，决不应该“见利忘义”。

同时，蒋志德的沉默似乎说明，他也承认这个道理，他在这件事上是理亏的，但不想按照这个道理行事。显然，蒋志德不想被别人特别是法庭认为他是“不义”的，他在法庭上说：

> 6月初原告哥哥拿着一纸协议来我家，协议明确说明借用西大山和西大山外不足3米的地方，所以让原告家暂住一间房屋，但产权归厂方。原告哥哥说建职工宿舍同时解决两家住房问题。我当时郑重强调，建房是国家拨的专用款为我而盖，你家又不是厂职工不存在解决你家住房问题，占用大山和地皮已让你家无偿居住20多年，厂方也做了补偿，房屋的所有权不该归你家。

邻居间私下的纠纷“闹”到法庭上，本来就不是他们愿意做的事，一旦在法庭上见面，一般来说都是“撕破了脸皮”。但是，他仍然称原告为“原告哥哥”，他是想表明他顾及了双方的情面，已经足够的宽容和高姿态，符合了伦理道德上的“份位原则”①。在这里，他肯定了和原告之间的一种类似“兄弟”的亲密关系，同时，他强调了和原告之间的身份差别，他们虽然都同样是居住者，但他是具有3间房产权的工厂的职工，而李世强跟电机厂却没有这个身份关系。“我是单位的人”②，房子是“公家”为我盖的。

他们的邻居同样站在原告的一边，一个老人出庭作证，强调是原告一家如何一筐石头、一筐沙土地将水坑填平，本是原告一家的后院；以及原告一家一直在争议房屋居住的情况。但是，在旁听席上的那些邻居，当我问及他们的意见时，他们却并不明确表示那间房屋应该给谁，他们说，“人家住了那么久，怎么能不打声招呼呢?”但是“法庭判给谁就是谁的”，他们“说啥也没用”，就不用说了。

在这个纠纷中，李家所主张的规则，首先是根据居住历史，之所以要求这个房屋的优先购买权，是因为他们在这间房屋居住了25年的事实；其次是在这居住历史背后的衡平规则，即他和家人付出的劳动需要得到应有的回报，特别是在蒋志德一家人的基本生存有困难的时候，李家提供了最为重要的帮助，这种帮助不只是物质上的给予，更为重要的是情谊，是

① 黄俊杰、吴光明：《古代中国人的价值观：价值取向的冲突及其解消》，载沈清松《中国人的价值观——人文学观点》，桂冠图书股份有限公司1994年版。

② 关于单位对于现当代的个人的经济和政治生活的重要性，可见有关单位的研究，张静《利益组织化单位》，中国社会科学出版社2001年版。

恩情。因此蒋志德也应该以这份情谊为重，同等地对待原告，否则就是不义，甚至“不是人”。主张这一规则的基础，仍然来自关系拟制，但是这种关系受到太多来自现代社会所确认的新规则的挑战。

新的社会身份，“复转军人”和“职工”的优先性是其中最有冲击力的挑战。它的合法性来自整个大的制度安排，李世强想要主张的那种“兄弟”情分下应该履行的照顾之责，以及最为朴素的付出与回报的衡平规则都无法对抗国家权力支配下的制度性安排。最后法院的判决，就是根据蒋志德为电机厂职工的事实，判定了二者之间交易的合法性。

（二）拟制的局限

1. 权利之争与政治觉悟

2—07夏远方诉冯继东案中的两个当事人是邻居，其中夏远方是当地农民，而冯继东是镇政府退休干部。由于村镇安排修路，需要使用冯继东原住处的房屋所在的土地，接受组织的安排，冯继东就搬到了夏家所在村庄与夏远方成为邻居。在冯继东搬过来之前，他门前是荒沟，冯继东找人将它填平，并且铺上水泥，开始堆放杂物。而同时，隔壁的夏家正在建房，建房的材料存放在冯家一侧的路边，因此，经过冯继东的门前是最方便的途径，否则将绕道而行花费很大。可是冯继东不愿让夏远方经过，就堆放更多的东西阻碍夏家通行。但夏远方认为，冯继东的门前是公共通道，应该允许自己和家人通过，交涉不成，夏远方就向法庭提起了诉讼。

冯继东则给出了以下几个理由：

原告没有提交政府部门的土地使用证，不能证明相邻关系的主体资格；被告门前的土地未经政府规划，在正式规划前，（尽管面貌已经发生改变）依然属于荒沟、荒地，不能确定是公共通道；被告门前的杂物是被告建房时留下的，当时原告还并未建住宅，不存在侵犯原告通行权的问题；被告建住宅时，门前是深五六米的荒沟，村集体同意由被告将沟填平，并由被告使用，因此被告对此块土地具有使用权，原告无权从此通行；原告住宅的西边、北边以及向南均有原来已经存在的公共通道，原告应当选择从这些道路通行，而没有理由选择被告门前通行。

冯继东主要所主张的是自己对此通道的付出，因此自己应该获得它的使用权。这是谁付出谁受益的衡平规则。

并且，冯继东还向法院提交了一份说明材料“关于为啥不让夏远方走我家门前路的情况反映”。大致提出以下几点并不属于法律规则中的理由，而多为道德上的自我标榜和对对方的负面评价。

首先，自己搬到此处，已经做出巨大牺牲，付出艰苦劳动，身为党员如此做是心甘情愿的，但夏亦为党员，却做出了不符合身份之事，百般阻挠，对方的行为使自己和家人蒙受经济损失和侮辱，自己已经一忍再忍。

其次，认为是自己曾经揭发过对方的不正当行为，而使之怀恨在心，在此提起诉讼，是报复自己的行为。

在这样的邻里关系中，和陌生人关系的相同之处，人们所主张的规则都有现行法律依据；而不同之处就是在熟人关系中，道德评价、政治态度的评价也被提出，用来主张自己行为的正当性。像在此案件中，冯继东提出自己的行为符合“共产党员”的“听从组织安排”“识大体”等政治性品质的要求，而对方同为共产党员却完全没有做到。

2. 权利之争与道德评价

2—13 张云生诉张国珍案中的被告和家属感到非常委屈。他们在访谈中控诉原告，平日里飞扬跋扈，和村里的“恶人”勾结，做违法的事情，原告的儿子辱骂自己的奶奶等问题以及自己在这几十年中，如何受到对方的欺辱。80 岁的老人反复强调自己家是“真冤”。反复讲述他们家如何调换宅基地等事，没想到换来一场官司。她说：

> 这事我懂，我可是真冤，这个状我是真冤。你们小青年不懂，我是冤得啊，我是找着这政府了，我真冤。你叫我说我这个冤枉，我确实是在法律上是冤。

她说对方如何不安分：

> 他说他的门前得有 3 米，他嫌窄，他跟大队闹，这大队的干部来了，你要知道现在是社会主义不是过去那黑社会主义。

她说，他们品德败坏，还骂自己家是“绝户头”。他家的媳妇对自己的婆婆不孝顺，等等，觉得自己是被“恶人先告状”，实在是“冤”。她的表述中，在案件事实之外，有太多道德评价的话语。

我们可以发现，在熟人关系中，参与官司本身都会给当事人特别是被告一方带来耻辱感，这种耻辱感在陌生人之间是不存在的。

此案件和前一案件一样，在法律关系及其所应该遵循的规则以外，人们特别强调对对方的道德评价。但在这一冲突的地缘关系中，这种道德评价或者像 2—07 夏远方诉冯继东案中那样与“政治觉悟”相关，或者像本案中当事人的家人一样，对事实的判断总要和“个人品行”联系在一起，但都不再涉及拟制血缘关系的问题，对对方都没有近乎亲人的期待。

3. 从义务到权利

与关系友好或很不友好的邻里不同，在一般的邻里关系中，不大存在道德评价问题，也没有道德或伦理上的义务要求。与熟人关系相比，他们之间的关系更接近于陌生人。邻居们会为宅基地的大小、院墙是否建得合适而寻求法律途径解决，2—09 白淑云诉白金龙案和 2—34 毕小安诉毕云山案便是如此；会因为承包土地的边界问题而追溯承包合同的合法性，就像 2—41 李峰诉孙强案中的当事人甄别“四至”和丈量土地结果的对应性；也会像 2—19 张继波诉王德志案中的当事人那样，就“0.5 亩”土地的归属而经历上诉程序。在这些关系中，都是纯粹根据法律规定来诉争权利的，跟陌生人无异。

因此，在邻里关系中，在存在血缘拟制的情况下，在人们对他人的要求和合法化自己行为的抗辩理由中，有道德义务上的角色期待，在面对利益之争时，行为上也符合亲缘拟制的逻辑。这一逻辑，不但对血缘关系和地缘关系在传统社会呈现出的合一性提供了更为清晰的解释，而且还对熟人关系中不同原则选择的可能性提供了一种体系化的说明。在友好的或合作的熟人关系中，血缘拟制而产生的伦理规范宣称仍然存在，但由于社会变迁的因素而出现具有合法性的其他规则，而使伦理规范的规则处于不稳定的状态之中；在并不友好的或竞争性的熟人关系中，则对冲突解决的规则依据法律原则，但总是伴随着当事人道德水准、个人品行、政治觉悟等非法律特性的评价；而在一般的邻里关系中人们诉争利益的理由由义务转向权利，几乎与陌生人无异。血缘拟制的运用受到局限。

三　衡平的依据

（一）法律的根据

对于家庭成员关系而言，现代法律如前文所述，规定了子女履行赡养义务的同时，也同样在履行赡养义务和继承财产之间建立了明确的因果关系，尽管并没有规定没有承担赡养义务者不能继承财产，但已经给当事人的相关诉求提供了足够的法律依据，为义务衡平规则的实现提供了根据。

而对于邻里关系而言，其实并没有专门针对熟人关系的法律。有一些稍为接近的是对相邻关系的规定，可以看作是地邻（在传统社会必然是熟人）关系一种原则性规定："不动产的相邻各方应当按照有利生产、方便生活、互助团结、公平合理的精神，正确处理截水、排水、通行、通风、采光等方面的相邻关系。给相邻方造成妨碍或者损失的，应当停止侵害、排除妨碍，赔偿损失。"① 这条规定被放入《民法通则》的民事权利一章，是作为一种可请求的权利来对待的，同时它也体现出对邻里关系的道德性期待——"互助团结"，但它显然不具备强制性。因此并没有现代法律意义上的相互义务。

无论是家人关系还是熟人关系，如果仅仅是财产方面的纠纷，不以赡养和继承为诉讼缘由，那么财产权的现代权利规则就会对义务衡平规则带来挑战，进而产生冲突。

（二）政治意识形态

其实，经历过集体化时代的那代人，无论是作为父母还是子女，在他们的话语表达中有诸如"一方有难八方支援""按劳取酬"这样的用语，如果纵深挖掘这些词语的出处，就会发现它们与集体化时期的制度和意识形态有关。

如前一章所讨论的集体化时代的特征那样，付出和收获之间的对等观念不只被人们接受而流行于社会生活领域，而且也渗透到家庭之中。

公社化运动，正如许多学者所注意到的一样，其最大的成就，或者说，几乎是目标与结果唯一具有一致性的地方，就是妇女解放。妇女加入到社会劳动的群体当中，使集体化作业扩大至家庭领域，称为家务劳动的集体化和社会化，因此打破传统的家庭结构和角色分担。

胡绳提出家庭劳动集体化的两方面"作用"。首先，家务劳动的集体化和社会化是出于单个家庭处理家务劳动不经济的考虑，以利于生产

---

① 参见《中华人民共和国民法通则》第八十三条。

发展。[①] 妇女被解放出来，参加集体劳动，但是对妇女和男子的劳动分工并没有太大的改变，妇女被解放出来实际上是承担了更多的劳动任务。以往由妇女做的家务，现在被放在一个集体的幕布下，共同劳作，节省了时间，提高了效率，节省下来的劳动力还可以参加家庭以外的劳动。其次，是提高妇女的觉悟，使他们聪敏、政治进步。[②]

这样一来，以传统血缘关系为核心的社会建制都受到一定程度上的冲击，至少在政治、社会生活领域，新的制度并没有延续“家国一体”的假设，相反，原有的那一套家庭、血缘关系体系因为会阻碍妇女解放、阻碍集体化进程与经济发展而受到根本性的排斥，其时离婚实践的简易性也证明了这一点。[③]

按劳分配、妇女解放打破了以家庭为单位、家庭作为合作体的传统模式，个人作为独立的劳动者，不只在集体劳动的场所认同等价劳动交换等价工分的“应得”规则，而且因为解脱家庭束缚而带来的自我意识而使得人们在认识家庭和社会之间的区分时边界模糊。因此，个体对家庭的付出虽然可以被认为是从履行角色义务的角度出发，但也意味着要获得相应的回报，这才符合等价交换的衡平。通过拟制而贯行于熟人关系中的行事逻辑，也同样受到这种政治意识形态的影响。

（三）生存伦理的义与利

像在家庭关系中所发生的子女跟父母争夺财产这样的纠纷，在传统社会的秩序下都是难以想象的或极少发生的，特别是子女与亲生父母之间有关赡养的纠纷。在一些清代地方档案的记载中，没有一件涉及儿子与亲生父母。[④] 其实，它们在我翻阅的案件中也是并不多见的，这里只有4—10王国珍诉乔新民案属于亲生母子之间因赡养而起的纠纷，而其余的案件则多少与继父母与继子女之间的关系有关。但这并不意味着我们不能从中发

---

① 胡绳：《家务劳动的集体化、社会化》，载农业资料编辑委员会《关于人民公社生活集体化问题》，农业出版社1959年版，第2页。

② 同上书，第5页。

③ 黄宗智：《离婚法实践：当代中国法庭调解制度的起源、虚构和现实》，载《中国乡村研究》（第四辑），社会科学文献出版社2006年版。

④ 黄宗智：《法典、习俗与司法实践：清代与民国的比较》，上海书店出版社2003年版，第138页。

现在此类关系情境中，人们面对财产分配所抱持的原则；恰恰相反，那些涉及继母子、继父子关系的案件，使我们清楚在不考虑情感作为润滑剂的情况下，人们的行为逻辑，去除情感的因素，公正在家庭关系中如何被诠释。

黄宗智认为，以父系家庭秩序为基础的清代社会，法律与民间习俗所体现的是生存伦理的逻辑，在养老问题上，对国家来说，奉养双亲是道德上必须履行的责任，是儒家意识形态中绝对的要求，同时不考虑亲子的担负能力而对不能赡养双亲者以法律上的惩罚，符合生存伦理。[①]但我们从以上案例中看到的情况是，一方面，父母以需要为由要求子女承担赡养义务（4—10 王国珍诉乔新民案，4—42 何世杰诉高士镇案）；另一方面，实际上，他们却并不面临生存上的紧迫性，而是表达对子女的付出要得到相应的回报，并且要均等地从子女那里获得回报，这并不是需要规则，而是衡平规则。子女一方，则一方面并不否认自己应当承担赡养父母的义务，另一方面又主张谁多获得则有义务多付出的衡平规则，同时力图证明父母并没有要求赡养的真实需要。也就是说，在表达上，双方主张的是基本一致的规则。需要规则来自法律规定，衡平规则是与传统“孝”的伦理道德相一致的“反哺”模式的体现，也同样得到法律的支持。而在法官那里，则并不考虑“需要”的问题。对父母来说，就是通过符合法律的需要规则的表达，而要求以往付出的回馈，用道德化的语言来说，就是要求子女“尽孝”。这并不是生存伦理的逻辑。

与赡养相对应的，在继承问题上，平均分配是法律规定的首要规则，而且按遗嘱分配以及按约定分配具有优先性。可是在有关继承的冲突中，无论确定了哪种分配规则，人们都往往要强调自己的付出，即如何履行了赡养义务，本质上却是一种道德性的表达如何尽“孝”。

有关纯粹的财产权利纠纷，家庭关系并不足以提供完全的规范，具有更普遍意义的古典自由主义的财产制度在权利的宣称上更具有支配性；但在双方的竞争中，往往是父母起诉子女，要将他们逐出家门，会去贬低他

① 黄宗智：《法典、习俗与司法实践：清代与民国的比较》，上海书店出版社 2003 年版，第 189 页。

们在尽“孝”方面的道德评价。[①]

在真正涉及血缘关系的伦理规范的赡养、继承案件中，道德性评价不以直接的方式在书面中表达出来；相反，在涉及父母子女间纯粹的财产分配时，反而以道德贬低对方。其实，这并没有摆脱中国古已有之的“利义之辩”。人们努力去获取利益，但同时也不愿因此而成为“小人”。因此，人们为什么能够很快接受政治意识形态中的“等价交换”观念，也能很快利用法律中的相关规定主张在继承和赡养之间的对应关系，实际上，也是也有传统的根源的。

① 徐忠明曾经对古代诉讼中的道德性说辞提出意见：“……作为一个研究中国法律史的学者，我们应该对史料的语言文字保持一种特殊的敏感才行。否则的话，我们难免会被史料所迷惑。比如，日本中国法律史学者寺田浩明认为，中国古人之所以打官司，是因为对方‘欺人太甚’的缘故。在我看来，这种看法虽有一定道理，但是也有严重的失误。在诉状中，原告固然不乏用‘欺人太甚’来痛斥被告的恶言恶行；反之亦然，被告会采取同样的言辞反击原告。但问题是，这种具有道德意味的痛斥与控诉，其实也是一种诉讼策略和诉讼技巧。这是因为，传统中国是一个‘泛道德主义’的社会，浸淫于儒家经典中的司法官员也都崇奉‘君子喻于义，小人喻于利’的道德信条。在这种情况下，小民百姓打官司的理由必须符合这一道德信条，如果仅仅是为了‘争权夺利’而打官司，显然不合司法官员的口味。如此，案件可能会被拒绝。揭破诉状修辞策略表层底下隐藏的诉讼意图，我们将会看到小民百姓对自身利益的诉求。事实上，这种具有格式化特征的所谓‘欺人太甚’的说辞，有时仅仅是对案件事实的一种虚构，与‘架词设讼’密切相关。就此而言，案件事实真相反而被遮蔽了。”徐忠明：《案件、故事与明清的司法文化》，法律出版社2006年版，第20—21页。

第六章

结论与初步的理论讨论

一　以衡平为支配性规则的公正观

看来，许烺光所描述的那个以情境中心为特征的处世态度，“由于在自己的初始亲属关系集团中享有某种在这一集团之外享受不到的安全连续和持久的地位，因此他较之其他许多社会的普通人，对自己的生活有更大的确信，从而更可能悠然自得。既然持有双重或多重道德行为准则被视为正常，那么这些标准也不会给个人内心带来任何冲突”① 的状态恐怕无法在本研究中再现。在社会转型的背景之下，多重规则带来冲突和选择上的多种可能，这是进入一个时期或历史上的“现代”而产生的必然结果，可是这种公正观的状态也不似现代意义上的多元主义那样，在不同的领域中有着一定的指导性的公正规则，而是表现出以下的特征。

第一，无论在何种关系情境中，衡平规则是相对主导性的。

第二，在偏向疏远的两种关系类型中，衡平规则基本是权利导向的。对衡平规则的主张主要来自法律规定、遵从约定的习惯。在这两种关系中，当纠纷的一方是个体，另一方是集体（或多数人）时，集体（或多数人）优先的主张与权利衡平产生冲突，但优先的理由有微小但重要的差别，在陌生人关系中优先的是多数人的“公共利益”，仍为产权的逻辑；在成员与集体的关系中，存在地位上的差别，集体优先是价值本身，是意识形态的逻辑。

第三，在偏向亲近关系的两种类型的关系中，衡平规则基本是义务导向的。在亲缘关系的家庭情境中，赡养被公认为是父母财产分配、继承的

① 许烺光：《宗族、种姓、俱乐部》，华夏出版社 1990 年版，第 2—3 页。

条件。义务衡平规则的来源可以是法律和集体化时期的意识形态，但在（较为少见的）父母与子女之间的财产纠纷中，两种衡平规则之间会发生冲突。在有亲缘拟制情况的邻里关系中，义务衡平成为合法化自身行为和贬低对方的理由。而有些属于同一个社区、在传统社会中通常相互熟悉的人，在发生纠纷时所主张的规则更接近于陌生人关系中的权利衡平。总的来说，即使在最为亲近的家庭关系中，义务的衡平以及其他规则都越来越受到权利衡平规则的挑战。

结合以上两点，可用图 6—1 表示。

图 6—1　关系取向上从权利衡平到义务衡平的渐变

第四，这些案例证明衡平规则作为一种支配性公正规则的同时，还证明同为衡平的形式在以关系为框架的不同情境中有着不同的内容。并且，在不同的情境中，衡平规则有不同的来源，可以是法律、习惯或政治意识形态。这不同于多元主义的公正观，也不似情境主义那样不确定。在这样一种公正观中，存在一种支配性的公正规则，但在不同的情境中的内容不同、支配的程度不同、所面临的其他规则的挑战不同、规则的来源亦不同，我称之为异质性公正，意思是公正规则的分布不是均质的。

其中，值得特别注意的是，在熟人关系中的拟制在一定范围内是公正规则选择的逻辑。它可用来解释在亲密程度不同的相互关系之中，不同规则的选择成为可能，即从亲缘关系到陌生人关系的这个连续体中，由于关系的拟制使得家庭伦理的原则逐渐被法律原则所取代。随着熟人关系的陌生化过程，伦理性的规范逐渐被理性法规范所取代，衡平规则也从基于义务的衡平演变为基于权利的衡平，这是一个缓慢的过程，而在这个过程之中，新的规则所带来的仅仅是更大的不确定性。

在本书的这些案件中，人们对程序公正的关注虽然并不突出，但也有一些显现。主要体现在诉状中对法定程序的监督；对法官是否迟到、公正无私、着装整齐、严肃等工作态度的质问；在权利归属中，强调历史的要素；人们尤为看中契约的确定性和对有约必守的要求；在集体或家庭财产分配中，强调一致对待、一视同仁等。这些判断公正的要素零星地散见于当事人的诉讼请求、辩护词和访谈材料中。

一个显著的表现是，以集体主义为代表的政治意识形态，在判断公正的系统中的位置，无论对于和集体对立的个人还是作为集体成员的个人，它所谓“公”的意义的价值优先性都在减弱。可是另外一个值得补充的现象是，虽然在以上讨论的案件中证明了这一点，但是这并不意味着个人对集体没有道德价值上的要求，实际上，个人对于集体的依赖并没有因此而减少。单位中的劳动纠纷能够证明这一点。

3—40 单文龙诉五一厂案和 3—47 李东江诉阿里渔业案中的主人公是单位职工。3—40 案中的当事人单文龙在工作日没有上班，后来解释说是因为算命先生算到他有劫难，应该“躲星”。于是他躲在锅炉房中睡觉，没想到一氧化碳中毒，造成伤残。在单位给了一定的补偿金以后，他的家人仍然认为单位应该承担更多的医药费，理由是单文龙是单位成员，单位就应该为职工的伤残承担更大的责任。相似地，3—47 案中的职工李东江，在驾驶无牌照的摩托车上夜班的途中，被机动车撞伤，并认为是工伤而要求单位承担责任。同前一案例一样，李东江不满意单位补偿的数额，进行了上诉。

而在 3—30 姜海龙诉兴建新案中，受伤的船员姜海龙和他的家人，不满意船主的赔偿，并指责船主没有尽到照顾之责，有悖家属的托付，言辞中有不少道德上的指责，因为姜海龙上船工作的时候还未满 18 岁，在父母眼里尚是一个孩子，父母于是认为船主也应该像对待孩子一样给予其更多的照顾才对。这个案件更是在经历 3 年中多次诉讼以后仍没有最终结案。

这些案件都说明，个体实际上对单位有一种要求给予庇护的期望。在这种期望之中，虽然也有因付出劳动就应得到收益的衡平准则，但不能忽视的是个体对单位其中夹杂的道德上甚至情感上的依赖，这种依赖在现代社会只有在家庭关系中才可能存在。

就伤残事件来说，职工对单位的依赖有缺乏社会保险制度支持的原因，并且其中的法律操作也涉及较为复杂的各种劳动法律和单行条例，这些都成了当事者从中寻找救济的依据。也就是说，目前的法律和制度设计在一定程度上并不反对作为单位的成员以成员的名义要求单位承担更多的责任、履行道义上的救助。而就人们的观念而言，就处于一个纯粹功利性的自利状态，即在否定集体价值优先性的同时要求它担负道德上的义务。

阎云翔通过长时间地在一个东北农村的田野调查与生活经历对乡村私人生活的观察发现，走出“祖荫”的个人并没有获得真正的独立和自立，而表现出一种极端功利化的自我中心取向，在一味伸张个人权利的同时，拒绝履行自己的义务，成为“无公德的个人”。从以上的案件来看，这个结论也适用于作为成员的个人和他的集体之间的关系。[①]

另外，在这些案例中，除了制订一些契约的行为——比如，赡养协议、村民私下调换土地的约定——以外，我们没有发现特殊的习惯，那种被法律多元主义者所描述的与实证法发生冲突、不能被实证法所包容的习惯。[②] 像这些契约行为则可能在形式上仍涉及需要向具体的实证法让步的问题，但在本质上却与私法意思自治和有约必守的原理最为一致，具有程序性的意义。

总结这些案例，还可以发现，国家在人们的选择中扮演了重要的角色。但在4种情境下，国家的作用方式各不相同。

在陌生人情境中，在大多数情况下，国家都不直接对纠纷的解决产生影响。而在像1—29晨光诉建伍案这样有政府作为民事主体参与的案件中，国家是以解决纠纷的外部性因素存在的——如果我们暂且把国家等同于政府的话——成为法律规则运行的阻碍，人们不满于政府对公共财产单方面地进行处置。随着政府创办企业的禁止，合作主义的影响也会减弱，那么“国家”的角色将在陌生人的情境中倾向于仅以立法者的角色出现。

在熟人关系情境中，国家的作用在于通过制度性的安排创造了新的身份，也就是创造了新的规则，这给习惯性地运用伦理道德判断熟人关系的人们带来更多选择的可能性，同时也带来更多的不确定性。人们在以道德要求他人和宣称自己合法性的同时，可以选择以新的身份规则来争取利益。

在隶属关系的情境下，国家则以政策的变动来影响地方的领导者和一般民众之间的关系。由于地方的领导者没有足够的权威调动民众跟上政策变化的节奏，民众便渐渐形成自利的应对方式，而地方的领导者则一方面消极应对政策安排，另一方面，等待着政策“变回来”再采取行动，这

① 参见阎云翔《私人生活的变革：一个中国村庄里的爱情、家庭与亲密关系 1949—1999》，上海书店出版社 2006 年版。

② 参见梁治平《清代习惯法，社会与国家》，中国政法大学出版社 1996 年版。

样就降低了行动的成本。但结果是增加了民众对地方领导的不信任，其权威性无法通过自己的声望、民众的认同而维持或增加。

在亲缘关系情境中，国家通过意识形态和政治运动来主导和影响家庭中亲子之间的相互期待。最典型的是集体化时期通过集体生产和家庭劳动的社会化，确立集体地位的优先性，而把社会领域的等价交换规则贯彻于家庭关系之中。这种作用方式虽然在现代法制的环境下已经不复存在，但它的影响却被保留了下来，和传统的家庭伦理一起，实现着道德宣称和财产竞争之间的整合。

二　几点可能的贡献与局限

本书所针对的是对中国人的公正观的一个一般的观点：情境主义。其核心是认为中国人的公正观念是关系导向的、依具体情境而定的、以秩序为首要价值的儒家伦理规范提供依据的公正观，因此，并不存在确定的公正规则，对于公正的判断是变动的、不一致的。本书不否定关系取向，并且因循这一关系取向，对材料进行分类和分析，发现在不同的关系情境之下，甚至在同一个关系情境中确实存在多种宣称正当性的理由，但这又不同于多元主义，因为这些理由大部分遵循一个支配性的规则，即衡平规则。

一些以关系为取向的中国研究借鉴了多元主义的观点，根据关系的亲疏进行分类以后，认为在陌生人和家人关系中，分别是衡平规则和需要规则占据主导地位，中间类型的关系则依人情规则。但本书的论据并不支持这个结论，在家人和一般的熟人关系中，仍然是衡平规则占据主导地位，只不过是不同于陌生人关系中的以权利衡平为主导代之以义务衡平为主导。另外，所谓的源于传统的利他主义倾向、集体主义价值观的认同在案件中也完全没有获得支持。

关系取向的衡平规则占据支配地位的公正观虽然缺乏传统特征，但也同样不是西方意义的现代。就保留传统习惯最多的家庭关系来说，人们主张一种义务性的衡平常常来自传统，赡养和继承之间具有不可分割的联系。这种联系已经脱离了道德的领域，所以很难说是一种“道德实用主义”，而毋宁是一种庸俗的实用主义。或许在清代以前，由于生存伦理的首要地位，道德实用主义在赡养和继承构成因果循环（所以只有男子继承），但在当代，情况却往往并不如此。现代法律中同时规定了儿女在父母有需要的情况下有赡养的义务和提供赡养较多的子女可获得较大份额的遗产，也就是需要规则和义务衡平规则。但在实际上，老人们要求儿女提供赡养大多并不是因为需要，而是因为抚养儿女的付出；同时，真实的情况是老人没有生活需要和自己已经承担了赡养义务或者老人没有给予抚养、爱护成为子女抗辩、讨价还价的理由。此时，子女不会承认自己不孝，相反会竭力说明已经怎样地尽孝。但实际上，在这种纠纷中，已经很难看到道德的成分。之所以说这不是现代的，还在于，在一个功能和结构分化的现代社会中，公正观念更趋向于多元主义，也就是说，在家庭领域，以情感照护为目的的需要原则是主导性的。义务性的衡平显然与此不同。

陌生人之间接受的权利衡平规则在一定程度上确实是具有现代的法律形式主义特征。问题同样在于，即便在父亲与儿子之间的财产纠纷中权利衡平的规则也被宣称，则证明并没有现代意义上的分化。

亲缘拟制说明了在熟人关系中正当性宣称和行动之间的相悖性。中国的传统社会被认为是区别于现代陌生人社会的熟人社会，在当前的经验研究中也被认为处于家人和陌生人之间的关系之中，人们通行一种人情规则，但人情规则是什么却没有明确的答案。在本书看来，所谓人情规则也是一种义务性的衡平规则，只是在面临纠纷的时候，权利衡平和义务衡平均被主张，前者用于获得利益，后者用于合法化己方行为并在道德上贬低对方。于是，完全可以是“说一套做一套”的。这个概念可以在一定程度上解释为什么规范研究中的中国人的公正观念和实际做法有如此大的差异。

当然，也存在局限与不足。首先，本书虽然希望对法庭环境的描述和法官公正观念的探讨能够描绘出一个日常生活化的司法过程，以使本书公正观的结论具有普遍意义，能够适用于日常生活的逻辑，但仍不能摆脱法庭场景的局限。其次，缺陷出现在材料上，因为法庭案件不能够随机获得，所以不能具有代表性；对于一个确定的案件能够找到当事人了解情况的可能性很有限，能够参与庭审的而又可用的案件数量也十分有限，所以多数材料是文献资料。如果能用更长的时间收集资料，论证会更为有力。

三 一些初步的理论讨论

自此，在分析和解释了诸多案例之后，我想对其中涉及的一些理论问题做一些初步的讨论。

（一）关系取向的异质性公正观

多元主义的公正观在理论上符合萨巴夫分类中多向度微观的理论进路，这个进路的核心在于社会物品本身的性质和分配规则之间在应然的层面上具有一定的对应性。正如罗宾斯泰因所批评的那样，迈克尔·沃尔泽也认为，通常的西方分配正义的理论都过于强调在分配者—物品—接受者这个过程中，物品和接受这个环节，似乎认为物品是可以向任何方向流动的。[①] 而在沃尔泽看来，物品本身所具有的规定性几乎使它自己能够自行分配。继而，他发展了一种以“物品”为核心的多元主义的分配理论，分配正义不只要探讨物品的接受者和分配的代理人，而且要考虑源于物品的制造者而使物品具有的规范性意义，因此物品本身在某种程度上规定了分配的原则。在这种意义上，分配正义所表现出来的多元性，不是别的，正是来源于具有社会意义的物品自身的多元性规定的。[②]

为获得一种所谓的“复合的平等”，沃尔泽所看到的那种具有现实可操作性的理想分配系统是不同领域中的物品都能够依据其特定社会性自主地、垄断性地决定分配规则，因此，任何物品都有在其中运行的某种分配正义的边界，比如，金钱、权力、荣誉都应该在一定的范围内占据垄断的地位，而不会出现某一种物品跨领域地占据支配的地位，成就的是一种站在专制的对立面的分化局面，进而能够实现各个领域的和谐。而之所以能够达致和谐，则在于在多样性的背后仍然存在一个基本的共识，能够使各种分歧具备一个共同的基础才不至于使分化成为分散。而那个多样性得以存在的基础，就是以限制政府权力、坚持法治和保护基本权利为核心要素

① 参见［美］迈克尔·沃尔泽《正义诸领域——为多元主义与平等一辩》，褚松燕译，译林出版社 2002 年版。

② 同上书，第 6—11 页。

的宪政框架。[①]

以物品为中心确定分配的正义，在西方社会，那不只是一种哲学上的应然状态，而且也构成了实践中基础的行动原则。“福利体系和市场，公职和家庭，学校和国家是在不同的原则基础上运作的”[②]，也正是因为如此，西方社会心理学家所发现的那些现象、得出的那些结论在这个意义上也是与西方社会相符的，衡平规则、平均规则和需要规则在不同的领域具有垄断性地位。这也是多元的意义所在。

而情境主义背后的理论逻辑则大大地不同。它不是根据在分配者—物品—接受者这个链条中物品的社会性来选择可普遍接受的公正规则，而是集中考虑分配者和接受者之间的“关系”这个要素来选择适当的、特殊的公正规则。并且这个特殊的公正规则在研究者的发现中，还基本符合儒家伦理中的地位差序。因此，无法根据社会物品的性质归纳出于不同分配目的的不同领域之中占据主导地位的分配规则。就传统而言，整个社会的和谐是首要的价值，也就不大可能分化出来不同的分配目的、选择不同的公正规则，而是根据一套既定的秩序规范对不同关系情境之下的角色提出不同要求来判断何种行为为正当、何种分配为公正，因此，在情境主义的条件下，公正规则的选择也就不可能是确定的。

而本书所定义的异质性公正与前两者皆有不同。在中国人的公正观念中，核心是关系，并且，并没有因为存在这样的核心要素而使公正原则的运用边界清楚。但也并非无法清楚地认识。既不能用简单的“情境中心”来笼统地定义中国人的公正观念，实际上也无法用工具性、情感性和混合性这些概念看似界限清楚地区分在不同关系中描述公正观的状态，这些解释和框架仍有深入的余地。并且它们也不利于在一个变迁的社会背景下发现观念上的变化。

在划分情境以后，在这样一个关系的框架中，我们很容易发现这些变化。比如，在陌生人关系中，法律原则的倾向极为明显，很少能发现道德化的判断，因此，曾经的那些关于法律确定性的、法律与道德的争论并不

---

① Michel Rosenfeld, “Modern Constitutionalism as Interplay between Identity and Diversity”, Michel Rosenfeld ed., *Constitutionalism, Identity, Difference, and Legitimacy*, Durham and London: Duke University Press, 1994, p. 3.

② ［美］迈克尔·沃尔泽：《正义诸领域——为多元主义与平等一辩》，褚松燕译，译林出版社 2002 年版，第 425 页。

适于在这个情境中讨论；而在家庭的亲缘关系中，伦理道德的秩序在经历家庭生产社会化的公社运动以后，法律反而试图唤回伦理道德的影响以对抗那种在政治意识形态影响下的“等价交换”，不但不能以伦理性的规则来判断公正，也不能以单纯的情感性规则来判断。

在异质性的公正观中，有主导性的公正规则，即衡平规则在各个领域中居于主导甚至支配性的地位，无论它表现为权利的衡平还是义务的衡平，但衡平规则在各种情境中的重要程度以及所面临的挑战又各不相同。所以，尽管在不同的情境中可能存在多种公正规则的宣称，但并不能看成是多元主义的。二者之间至少存在以下根本上的差别（见表6—1）。

表6—1　　多元主义公正观与异质性公正观的特征比较

多元主义公正观	异质性公正观
以物的社会性为根据	以身份关系为根据
各领域都有主导的分配规则	一个主导性公正规则，同时存在多种规则
相对稳定	相对不确定，规则来自多种传统

（二）现代性与传统

赵文词（Richard Madsen）曾经研究中国村庄在1970—1980年人们道德世界的变化。通过对比两个村庄的代表人物——村干部的选择、行动，以及他们在调和政治上级的正统意识形态（canons of government ideology）和普通村民的地方传统规范之间关系时所扮演的角色，发现在各种社会运动、政治运动的作用下，乡村旧有的关系网络和传统道德都正在瓦解，人们对遵从哪种道德规范需要做出决定。①

我们可以假设，在这种没有国家权力干涉的私人领域，法律的有效实行仍然是以人们出于传统的对身份关系的承认为前提，但是，从另一个方面来说，制度仍然在发挥作用。试想，在没有个人有权自由处置财产这种规定的情况下，一个父亲安排自己的财产交由一个没有任何血缘关系的人，仅因他对其进行了照护而作为一种报偿使他继承，这几乎是不可能的。尽管需要一种符合传统的观念支持，但最终仍是以正式的制度进行了

① Madsen，Richard，*Morality and Power in a Chinese Village*，Berleley：University of California Press，1984.

确认，这种形式上的合法性确认加强了这种制度对人们未来行为的影响，从而影响人们对未来的预期，以致影响他们的观念。与赵晓力[①]所认为的法律在治理的层面上以法律的形式整理、记载案件的发生与解决从而加强法律权威的同时增加了习俗和法律之间的隔阂这个判断不同，我们所看到的是两种原则冲突的结果，最终法律得到遵从。因此，习俗和法律之间并非因此而增加了隔阂，而是法律所确定的那些规则最终成了人们观念的一部分，被习惯、被实践。这意味着，这些社会规范，无论道德还是习惯会在一个个具体实践中由更具效力的权威推动而发生改变。

如果对“传统”作比较宽泛的意义上的理解，而并不把它看成是希尔斯[②]“实质性传统”意义上的传统，那么实际上我们大都承认现在的中国社会是多种传统并存的时代，比如，黄宗智就用市场、社会主义和古典传统作为人们行为的合法性来源来说明这个社会。但问题是，这些概念都需要再阐释。比如，这些传统中究竟都包含了哪些规则？而我们通常的理解中是否多少存在不当之处？这些“传统”一旦分析起来就无法准确描述它们本身的样貌。比如，市场的基本规则究竟是等价交换还是产权？社会主义分配的基本规则究竟是平均分配还是等价交换？而对中国的古典的理解究竟应依据儒家经典还是法家的纲领？

因此，用作用于人们观念的不同的分配规则——衡平（贡献）规则、平等（平均）规则和需要规则将会更为有效。就此也能够发现，在法律与道德之间的关系这个经典问题上，社会实践中的人们究竟给出了怎样的答案。在我看来，异质性的公正观就表现了在法庭之中道德、法律和主流意识形态之间的冲突与融合，并且在这个过程之中，公民社会有机会得以生长。

但是对于现代性而言，却仍然看不出明晰的轮廓，因为看起来更符合市场逻辑的衡平规则并不一定来自现代性的市场传统。更重要的是，要对关系类型进行区分。从本书的发现来看，在较为疏远的关系中，衡平规则的来源更具有现代性的特征，比如，人们对法律、权利历史和对契约原则的坚持，都能证明这一点；但在亲近关系中，传统的一套价值观念就更可

① 赵晓力：《关系/事件、行动策略和法律的叙事》，载王铭铭、王斯福主编《乡土社会的秩序、公正与权威》，中国政法大学出版社 1997 年版。

② 希尔斯 1991，此文献没有找到。

能发挥作用，那些看起来具有现代特征的对衡平规则的诉求，往往来自传统的或政治意识形态的原则，从而在实际上并非是现代性的。但就总体来说，衡平规则中的现代性特征要更为强势，在传统观念最为浓厚的家庭关系中，基于权利衡平的现代性方面或者已经被宣称并得到支持，或者已经对传统构成了强大的威胁。这可以在某种程度上说明制度对观念的塑造作用。

黄宗智在早先研究中国法律史时，曾以韦伯的形式理性的西方法律作为参照对象来比照中国的法律实践，近来，则干脆重新定义“现代性”的概念，把它看作是西方法律历史的实践，本身就是多种传统的竞争与融合，以此为参照，则现、当代中国司法实践的多种传统并存的现状就可称之为中国特色的法律现代性。[①] 此举虽有实践意义，但对于理论探讨而言是否有益，仍需证明。但我非常同意其中的一个结论，即现代性法律的实践依赖于开放性的政治制度，美国法律的现代性正是在一个开放性的政治制度之下才得以实践的。开放的也必然是多元的，但就法律实践的一个重要维度——公正观念而言，支配性公正规则的存在证明中国社会的“现代性”中还没有形成足够的分工与多元，还有赖于更为开放的环境以使其他的规则能够分化出来。就此而言，中国法律的现代性仍然是一个“问题”。本书对此问题没有给出确切的答案，而毋宁是对中国社会现代性的一个侧写。

---

① 参见黄宗智《离婚法实践：当代中国法庭调解制度的起源、虚构和现实》，载《中国乡村研究》（第四辑），社会科学文献出版社 2006 年版。

参考文献

中文文献

陈弱水：《公共意识与中国文化》，新星出版社 2006 年版。

陈苇主编：《外国婚姻家庭法比较研究》，群众出版社 2006 年版。

崔延强：《正义与逻各斯——希腊人的价值理想》，泰山出版社 1998 年版。

邓正来：《市民社会理论的研究》，中国政法大学出版社 2002 年版。

方文：《社会行动者》，中国社会科学出版社 2002 年版。

费孝通：《家庭结构中的老年赡养问题》，《北京大学学报》1983 年第 3 期。

费孝通：《乡土中国　生育制度》，北京大学出版社 1998 年版。

高道蕴等编：《美国学者论中国法律传统》，中国政法大学出版社 1994 年版。

郝铁川：《中华法系研究》，复旦大学出版社 1997 年版。

何炳棣：《读史阅世六十年》，广西师范大学出版社 2005 年版。

贺卫方：《司法的理念与制度》，中国政法大学出版社 1998 年版。

贺卫方：《运送正义的方式》，上海三联书店 2002 年版。

何永棋编著：《人民公社土地规划问题》，农垦出版社 1959 年版。

黄光国：《人情与面子：中国人的权力游戏》，载黄光国《中国人的权力游戏》，巨流图书公司 1988 年版。

黄光国：《儒家思想中的正义观》，载杨国枢、黄光国《中国人的心理与行为》，桂冠图书公司 1991 年版。

黄俊杰、吴光明：《古代中国人的价值观：价值取向的冲突及其解消》，载沈清松《中国人的价值观——人文学观点》，桂冠图书股份有限公司 1994 年版。

黄克武、张哲嘉主编:《公与私:近代中国个体与群体之重建》,中央研究院近代史研究所 2000 年版(台北)。

黄宗智:《中国研究的规范认识危机:论社会经济史中的悖论现象》,牛津大学出版社 1994 年版。

黄宗智:《清代的法律、社会与文化:民法的表达与实践》,上海书店出版社 2001 年版。

黄宗智:《法典、习俗与司法实践:清代与民国的比较》,上海书店出版社 2003 年版。

黄宗智:《离婚法实践:当代中国法庭调解制度的起源、虚构和现实》,载《中国乡村研究》(第四辑),社会科学文献出版社 2006 年版。

胡绳:《家务劳动的集体化、社会化》,载农业资料编辑委员会《关于人民公社生活集体化问题》,农业出版社 1959 年版。

季卫东:《法治中国的可能性——兼论对中国文化传统的解读与反思》,《战略与管理》2001 年第 5 期。

季卫东:《法律程序的意义:对中国法制建设的另一种思考》,中国法制出版社 2004 年版。

强世功:《法律是如何实践的》,载王铭铭、王斯福《乡土社会的秩序、公正与权威》,中国政法大学出版社 1997 年版。

强世功:《市民社会及其问题——评〈国家与社会〉》,法律思想网,http://law-thinker.com/show.asp?id=2295。

李大华:《论先秦中国社会的公平观念》,载哈佛燕京学社《儒家传统的启蒙心态》,江苏教育出版社 2003 年版。

李红海:《普通法的历史解读——从梅特兰开始》,清华大学出版社 2003 年版。

李美枝:《内团体偏私的文化差异:中美大学生的比较》,载杨国枢、余安邦《中国人的心理与行为》,桂冠图书公司 1992 年版。

李艳梅:《人际亲疏度——个人主义—集体主义对公平判断的影响》,《社会心理学研究》1996 年第 3 期。

梁治平:《法律的文化解释》,生活·读书·新知三联书店 1994 年版。

梁治平:《清代习惯法,社会与国家》,中国政法大学出版社 1996 年版。

刘世定:《占有、认知与人际关系——对中国乡村制度变迁的经济社会学分析》,华夏出版社 2003 年版。

流心：《自我的他性——当代中国的自我系谱》，上海人民出版社 2005 年版。

刘泽华、张荣明等：《公私观念与中国社会》，中国人民大学出版社 2003 年版。

汪晖：《天理之成立》，载刘东《中国学术》（第三辑），商务印书馆 2000 年版。

王眉征：《人民公社的等价交换》，江西人民出版社 1960 年版。

王斯福：《面子的方位——当代中国乡村的公共空间与对公益的说法》，载王铭铭、王斯福《乡土、社会的秩序公正与权威》，中国政法大学出版社 1997 年版。

王雯：《公民与村民：身份定义的双重结构——河北"外嫁女"事件的调查》，硕士学位论文，北京大学，2005 年。

夏勇：《法治是什么？——渊源、规诫与价值》，《中国社会科学》1999 年第 4 期。

许烺光：《美国人与中国人——两种生活方式比较》，华夏出版社 1989 年版。

许烺光：《宗族、种姓、俱乐部》，华夏出版社 1990 年版。

许烺光：《祖荫下：中国乡村的亲属，人格与社会流动》，南天书局 2001 年版。

许章润等：《法律信仰——中国语境及其意义》，广西师范大学出版社 2003 年版。

严奇峰：《互动平衡理论——从儒家伦范与正义观点探讨本土之和谐人际互动关系》，《中原学报》1993 年第 22 期。

阎云翔：《私人生活的变革：一个中国村庄里的爱情、家庭与亲密关系 1949—1999》，上海书店出版社 2006 年版。

杨国枢：《中国人的社会取向：社会互动的观点》，载杨国枢、余安邦《中国人的心理与行为》，桂冠图书公司 1993 年版。

杨宜音：《"自己人"：一项有关中国关系分类的个案研究》，《本土心理学研究》2000 年第 6 期，重刊于《中国社会学》（第四卷），上海人民出版社 2005 年版。

杨中芳：《试论中国人的"自己"：理论与研究方向》，载杨中芳、高尚仁主编《中国人·中国心——人格与社会篇》，远流出版公司 2000 年版。

杨中芳:《人际关系与人际情感的构念化》,《本土心理学研究》1999 年第 12 期。

杨中芳、许志超:《平均分配与不公平感》,《中华心理学刊》1986 年第 26 卷。

(宋) 袁采:《世范》,岳麓书社 2003 年版。

翟学伟:《个人地位:一个概念及其分析框架——中国日常社会的真实建构》,《中国社会学》2005 年第 4 卷,上海人民出版社 2005 年版。

翟学伟:《特殊主义抑或普遍主义:中国人行为研究模式的视角转换》,《社会理论学报》2005 年第 1 期。

张国华:《中国法律思想史新编》,北京大学出版社 1998 年版。

张静:《土地使用规则的不确定——一个解释框架》,《中国社会科学》2003 年第 1 期。

张静:《二元整合秩序:一个财产纠纷案的分析》,《社会学研究》2005 年第 3 期。

张静:《基层政权——乡村制度诸问题》,上海人民出版社 2007 年版。

张志学:《中国人的分配正义》,载杨国枢等《华人本土心理学》(下),远流出版公司 2005 年版。

赵晓力:《关系/事件、行动策略和法律的叙事》,载王铭铭、王斯福《乡土社会的秩序、公正与权威》,中国政法大学出版社 1997 年版。

赵旭东:《公正与权威——乡土社会的纠纷解决与权威多元》,天津古籍出版社 2003 年版。

赵志裕:《义:中国社会的公平观》,载高尚仁、杨中芳《中国人·中国心:传统篇》,远流出版公司 1991 年版。

赵志裕:《义与利》,载何友晖等《世道人心》,香港三联书店 2005 年版。

钟独安:《全球化时代的权力与生存》,华夏出版社 2003 年版。

朱苏力:《送法下乡》,中国政法大学出版社 2000 年版。

朱苏力:《法治及其本土资源(修订版)》,中国政法大学出版社 2004 年版。

朱真茹、杨国枢:《个人现代性与相对作业量对报酬分配行为的影响》,《中央研究院民族学研究所集刊》(台北)1976 年第 14 期。

中共贵州省委宣传部编写:《人民公社的政治经济问题》,贵州人民出版社 1959 年版。

中国人民大学农业经济系编：《人民公社参考资料选集》（内部资料），1958 年印。

中译文献

[德] 阿伦特：《公共领域与私人领域》，载汪晖、陈燕古主编《文化与公共性》，生活·读书·新知三联书店 1998 年版。

[美] 阿马蒂亚·森：《能力、贫困和不平等》，载姚洋主编《转轨中国：审视社会公正和平等》，中国人民大学出版社 2004 年版。

[美] 昂格尔：《现代社会的法律》，王佳煌译，商周出版社 2000 年版。

[美] 布莱克：《法律的运作行为》，唐越、苏力译，中国政法大学出版社 2004 年版。

[法] 孔德：《论实证精神》，黄建华译，商务印书馆 1996 年版。

[美] 波普尔：《开放社会及其敌人》（上），陆横等译，中国社会科学出版社 1999 年版。

[美] 波普诺：《社会学》，辽宁人民出版社 1987 年版。

[美] 伯尔曼：《法律与宗教》，梁治平译，生活·读书·新知三联书店 1991 年版。

[美] 伯尔曼：《法律与革命》，贺卫方等译，中国大百科全书出版社 1993 年版。

[法] 布迪厄：《实践感》，蒋梓骅译，译林出版社 2003 年版。

[法] 布迪厄、华康德：《实践与反思：反思社会学引论》，李猛、李康译，中央编译出版社 2004 年版。

[美] 德沃金：《认真对待权利》，信春鹰、吴玉章译，中国大百科全书出版社 1998 年版。

[法] 迪尔凯姆：《自杀论：社会学研究》，冯韵文译，商务印书馆 1996 年版。

[法] 迪尔凯姆：《社会分工论》，渠东译，生活·读书·新知三联书店 2000 年版。

[美] 杜赞奇：《为什么历史是反理论的》，载黄宗智《中国研究的范式问题讨论》，社会科学文献出版社 2003 年版。

[美] 弗里德曼：《法律与社会》，吴锡堂、杨满郁译，巨流图书公司 1991 年版。

[美] 弗里德曼:《法律制度：从社会科学角度观察》，中国政法大学出版社2004年版。
[日] 沟口雄三:《中国的思维》，中国社会科学出版社1995年版。
[德] 哈贝马斯:《在事实与规范之间》，童世骏译，生活·读书·新知三联书店2003年版。
[英] 哈耶克:《致命的自负》，冯克利等译，中国社会科学出版社2000年版。
[英] 哈耶克:《法律、立法与自由》，邓正来等译，中国大百科全书出版社2000年版。
[英] 哈耶克:《通往奴役之路》，王明毅、冯兴元译，中国社会科学出版社1997年版。
[美] 霍贝尔:《初民的法律：法的动态比较研究》，周勇译，中国社会科学出版社1993年版。
[美] 霍曼斯:《社会科学的本质》，杨念祖译，桂冠图书公司1998年版。
[美] 吉登斯:《社会的构成》，李康、李猛译，生活·读书·新知三联书店1998年版。
[德] 考夫曼:《法律哲学》，刘幸义等译，法律出版社2004年版。
[美] 科塞:《社会学思想名家》，石人译，中国社会科学出版社1990年版。
[美] 拉蒙、泰弗诺:《比较文化社会学的再思考：法国和美国的评价模式库》，邓红风等译，中华书局2005年版。
[美] 罗尔斯《正义论》，何怀宏等译，中国社会科学出版社2000年版。
[法] 孟德斯鸠:《论法的精神》，张雁深译，商务印书馆1961年版。
[美] 诺内特、塞尔兹尼克:《转变中的法律与社会：迈向回应型法》，张志铭译，中国政法大学出版社2004年版。
[美] 诺齐克:《无政府、国家与乌托邦》，何怀宏等译，中国社会科学出版社1991年版。
[美] 庞德:《著通过法律的社会控制》，沈宗灵、董世忠译，商务印书馆1984年版。
[美] 珀西科:《纽伦堡大审判》，刘巍等译，上海人民出版社2000年版。
[德] 齐美尔:《社会是如何可能的》，林荣远编译，广西师范大学出版社2002年版。
[美] 孙斯坦:《法律推理与政治冲突》，金朝武等译，法律出版社2004

年版。

［德］图依布纳：《法律：一个自创生系统》，张骐译，北京大学出版社 2004 年版。

［法］托克维尔：《论美国的民主》，董果良译，商务印书馆 1988 年版。

［美］托马斯：《不适应的少女——行为分析的案例和观点》，钱军等译，山东人民出版社 1988 年版。

［美］威廉斯：《关键词——文化与社会的词汇》，刘建基译，生活·读书·新知三联书店 2005 年版。

［德］韦伯：《社会学的基本概念》，顾中华译，广西师范大学出版社 2005 年版。

［美］沃尔泽：《正义诸领域——为多元主义与平等一辩》，褚松燕译，译林出版社 2002 年版。

［美］殷：《案例研究 设计与方法》，周海涛等译，重庆大学出版社 2004 年版。

［美］英克尔斯：《迈向现代化》，何欣译，黎明文化事业公司 1990 年版。

［美］英克尔斯：《人的现代化素质探索》，曹中德等译，天津社会科学出版社 1990 年版。

［美］尤伊克、西尔贝：《法律的公共空间——日常生活中的故事》，陆益龙译，商务印书馆 2005 年版。

［日］滋贺秀三：《清代诉讼制度之民事法源的概括性考察——情、理、法》，载王亚新、梁治平《明清时期的民事审判与民间契约》，法律出版社 1998 年版。

［日］滋贺秀三：《中国法文化的考察——以诉讼的形态为素材》，载王亚新、梁治平《明清时期的民事审判与民间契约》，法律出版社 1998 年版。

［日］滋贺秀三：《中国家族法原理》，张建国、李力译，法律出版社 2000 年版。

英文文献

Adams, J. S., "Inequity in Social Exchange" Berkowitz ed., *Advances in Experimental Social Psychology* NY: Academic Press. 1965, pp. 267 – 299.

Barrett-Howard, Edith& Tom R. Tyler, "Procedural Justice as a Criterion in

Allocation Decisions", *Journal of Personality and Social Psychology*, Vol. 50, 1986, pp. 296 - 304.

Carolyn L. Hafer & Laurent Bègue, "Experimental Research on Just-World Theory: Problems, Developments, and Future Chanllenges", *sychological Bulletin*, Vol. 131, 2005, pp. 128 - 167.

Carrithers, M., S. Collins & S. Lukes eds., *The Category of the Person: Anthropology, Philosophy, History*, Cambridge: Cambridge University Press. 1985.

Chiu, Chi-Yue (赵志裕), "Procedural Justice and Interactional Contexts in Chinese Society" Unpublished manuscript, Hong Kong University, 1987.

Chiu, Chi-Yue, "Role Expectation as the Principal Criterion in Justice Judgment Among Hong Kong Chinese students", *The Journal of Psychology*, Vol. 125, 2001, pp. 557 - 565.

Chiu, Chi-Yue, *Social Psychology of Culture*, NY: Psychology Press, 2005.

Cohen, Myron L., "Family Management and Family Division in Contemporary Rural China", *The China Quarterly*, No. 130, 1992, pp. 357 - 377.

Cook, Karen S. & Karen A. Hegtvedt, "Distributive Justice, Equity, and Equality", *Annual Review of Sociology*, Vol. 9, 1983, pp. 217 - 241.

Cotterrel, Roger ed., *Sociological Perspectives on Law*, Vol. 1, Burlington: Ashgate, 2001.

David Rubinstein, "The Concept of Justice in Sociology", *Theory and Society*, Vol. 17, 1988, pp. 527 - 550.

Deutsch, M. "Equity, Equality, and Need: What Determines Which Value Will Be Used As the Basis of Distributive Justice?", *Journal of Social Issues*, 31, 1975, pp. 137 - 149.

Ebrey, Patricia B., *Family and Property in Sung China: Yüan Ts' ai' s Percepts for Social Life*, Princeton: Princeton University Press, 1984.

Hamilton, V. Lee &Joseph Sanders, *Everyday Justice: Responsibility and the Individual in Japan and the United States*, New Haven: Yale University Press, 1992.

Hochman, Harold M & James D. Rodgers, "Pareto Optimal Redistribution" *The American Economic Review*, Vol. 59, 1969, pp. 542 - 557.

Tuner, Bryan S. , & Peter Hamilton, eds. , *Citizenship: Critical Concepts*, NY: Routledge, 1994.

Tyler, Tom R. , *Why People Obey the Law*, New Haven: Yale University Press, 1990.

Walder, Andrew G. , *Communist Neo-traditionalism: Work and Authority in Chinese industry*, Berkeley: University of California Press, 1986.

Wank, David, *Commodifying Communism: Business, Trust, and Politics in Chinese City*, New York: University of Cambridge Press, 1999.

Winship, Christopher & Michael Mandel, 1983, "Roles and Positions: A Critique and Extension of the Blockmodeling Approach", ISamuel Leinhardt ed. , *Sociological Methodology*, San Francisco: Jossey-Bass, 1999.

Yang, C. F. (杨中芳), "Psycho Culture Foundations of Informal Group: The Issues of Loyalty, Sincerity, and Trust", L. Dittmer, H. Fukui & Lee, eds. , *Informal Politics in East Asia*, New York: Cambridge University Press, 2000.

Yin, Robert K. & Karen A. Heald, "Using the Case Survey Method to Analyze Policy Studies", *Administrative Science Quarterly*, Vol. 20, 1975, pp. 371 - 381.

Young, Stephen B. , "The Concept of Justice in Pre-imperial China", Rechard W. Wilson, ed. , *Moral Behavior in Chinese Society*, New York: Praeger, 1981, pp. 38 - 72.

Zhou, Xueguang, "Rethinking Corporatist Bases of Stratification in Rural China: Observation and Reflection from Villages", a paper to be presented at Yale Conference on "Creating Wealth and Property in Contemporary China", 2004.

后　　记

本书基于十年前完成的博士论文修订而成。不过值得庆幸的是，今天回过头来再读，并没有觉得那时的观点、观察和结论与今天的判断有什么出入，反而是这些年来的观察与实践不断印证了之前的结论，这让我更有信心地将此书呈现于读者面前，与同道商榷。

一如既往地，感谢我的导师北京大学社会学系张静教授，她的为人与为学都是我等后辈望尘莫及追随的榜样。感谢北京大学法学院的贺卫方教授，他的帮助使我能够顺利获得不少法院的案件材料。感谢加州大学的黄宗智教授，他在学术规范方面给我留下很深的影响。感谢伊利诺伊大学的赵志裕教授，仅凭一封邮件他就给了我论文相关的重要材料和提议。感谢中国社会科学院的王晓毅研究员，无论是论文写作还是随后的研究、工作，都给了我重要的帮助。感谢我的另一位导师吉林大学的姚建宗教授，他是引我入门的人，并一直关注着我的成长。

感谢参加我论文答辩会的吴忠民教授、赵旭东教授和郭星华教授，他们对我论文的修改有着很大的帮助。北京大学社会学系的诸位老师，特别是谢立中教授、杨善华教授、方文教授、王思斌教授、卢晖临教授，对我论文提出了中肯的建议，让我感受到他们对学术的追求和对后辈的爱护与提携。

我还要特别感谢南京大学的肖唐镖教授，要不是他的鞭策与鼓励，这篇论文的最后版本可能还藏在北京大学图书馆。感谢中国社会科学出版社的赵丽编辑容忍了我这个拖沓的作者，是她的敬业和耐心使这本书得以出版。

感谢爱人苗文龙博士的理解、付出与爱。无论当年的论文写作还是当下的修订，他都给予了我最大可能的帮助。感谢我的父母家人对我默默的支持。特别是我的姐姐，善良聪慧的刘丹女士，她对我们四口之家的关照使我得以抽身完成本书的修改。还要感谢在此间帮我照看孩子打理家务的老姨丛玉卿女士，她的人情练达帮我打开了生活中的另一扇窗。

准备要出版这本书的时候，我的儿子还在孕育之中；此次完稿之时女儿已过百日。感谢他们的到来，让我们的人生再次充满活力。作为母亲，总想把最好的送给孩子，所以请允许我把这篇跨越十年之久的论文献给你们，苗恕和苗宸，这一个结束和新的开始，是我们长情陪伴的见证。

刘　莉

2016 年于渤海之滨